1 **Atmung**

2 **Säure-Basen-Gleichgewicht & Pufferung**

Index

Sebastian Fehlberg

Physiologie Band 4

MEDI-LEARN Skriptenreihe

6., komplett überarbeitete Auflage

MEDI-LEARN Verlag GbR

Autor: Sebastian Fehlberg
Fachlicher Beirat: PD Dr. Andreas Scholz

Teil 4 des Physiologiepaketes, nur im Paket erhältlich
ISBN-13: 978-3-95658-006-2

Herausgeber:
MEDI-LEARN Verlag GbR
Dorfstraße 57, 24107 Ottendorf
Tel. 0431 78025-0, Fax 0431 78025-262
E-Mail redaktion@medi-learn.de
www.medi-learn.de

Verlagsredaktion:
Dr. Marlies Weier, Dipl.-Oek./Medizin (FH) Désirée Weber, Denise Drdacky, Jens Plasger, Sabine Behnsch, Philipp Dahm, Christine Marx, Florian Pyschny, Christian Weier

Layout und Satz:
Fritz Ramcke, Kristina Junghans, Christian Gottschalk

Grafiken:
Dr. Günter Körtner, Irina Kart, Alexander Dospil, Christine Marx

Illustration:
Daniel Lüdeling

Druck:
A.C. Ehlers Medienproduktion GmbH

6. Auflage 2014
© 2014 MEDI-LEARN Verlag GbR, Marburg

Das vorliegende Werk ist in all seinen Teilen urheberrechtlich geschützt. Alle Rechte sind vorbehalten, insbesondere das Recht der Übersetzung, des Vortrags, der Reproduktion, der Vervielfältigung auf fotomechanischen oder anderen Wegen und Speicherung in elektronischen Medien.
Ungeachtet der Sorgfalt, die auf die Erstellung von Texten und Abbildungen verwendet wurde, können weder Verlag noch Autor oder Herausgeber für mögliche Fehler und deren Folgen eine juristische Verantwortung oder irgendeine Haftung übernehmen.

Wichtiger Hinweis für alle Leser
Die Medizin ist als Naturwissenschaft ständigen Veränderungen und Neuerungen unterworfen. Sowohl die Forschung als auch klinische Erfahrungen führen dazu, dass der Wissensstand ständig erweitert wird. Dies gilt insbesondere für medikamentöse Therapie und andere Behandlungen. Alle Dosierungen oder Applikationen in diesem Buch unterliegen diesen Veränderungen.
Obwohl das MEDI-LEARN Team größte Sorgfalt in Bezug auf die Angabe von Dosierungen oder Applikationen hat walten lassen, kann es hierfür keine Gewähr übernehmen. Jeder Leser ist angehalten, durch genaue Lektüre der Beipackzettel oder Rücksprache mit einem Spezialisten zu überprüfen, ob die Dosierung oder die Applikationsdauer oder -menge zutrifft. Jede Dosierung oder Applikation erfolgt auf eigene Gefahr des Benutzers. Sollten Fehler auffallen, bitten wir dringend darum, uns darüber in Kenntnis zu setzen.

Inhalt

1	Atmung	1
1.1	Morphologische Grundlagen	1
1.2	Physikalische Grundlagen	1
1.2.1	Ideale Gasgleichung	1
1.2.2	Partialdruck	1
1.2.3	Wasserdampfdruck	1
1.2.4	Messbedingungen	2
1.2.5	Zusammensetzung der Atemgase	3
1.2.6	Löslichkeit von Gasen in Flüssigkeiten	3
1.3	Lungen- und Atemvolumina	3
1.4	Atemmechanik	11
1.4.1	Atemmuskeln und Atemarbeit	11
1.4.2	Elastizität der Lunge	11
1.4.3	Elastizität und Dehnbarkeit	13
1.4.4	Atemwegswiderstände – die Resistance	18
1.4.5	Zusammenhang zwischen Atemstromstärke, Alveolardruck und Pleuradruck	20
1.4.6	Dynamische Atemgrößen	21
1.4.7	Lungenfunktionsstörungen	22
1.5	Lungenperfusion	27
1.6	Ventilation und Gasaustausch in der Lunge	28
1.6.1	O_2-Aufnahme und CO_2-Abgabe	28
1.6.2	Respiratorischer Quotient	28
1.6.3	Alveoläre Ventilation und Totraum	29
1.6.4	Hyper-, Hypoventilation und Stoffwechsel	31
1.6.5	Zusammenhang zwischen Ventilation und Perfusion	31
1.7	Diffusion durch die Alveolarmembran	37
1.8	Atemgastransport im Blut	38
1.8.1	Sauerstofftransport im Blut	38
1.8.2	Sauerstoffbindungskurve	39
1.8.3	Inaktive Hämoglobine	42
1.8.4	Kohlendioxidtransport im Blut	42
1.8.5	Kohlendioxidbindungskurve	42
1.8.6	Wechselwirkung zwischen O_2- und CO_2-Bindung beim Atemgastransport im Blut	44
1.9	Atmungsregulation	50
1.9.1	Rückkoppelnde Atemreize	50
1.9.2	Nicht-rückkoppelnde Atemreize	50
1.9.3	Formen normaler und veränderter Atmung	50
1.10	Atmung unter ungewöhnlichen Bedingungen	51
1.10.1	Höhenatmung	51
1.10.2	Tauchen und Schnorcheln	52

2	Säure-Basen-Gleichgewicht und Pufferung	58
2.1	Pufferung	58
2.2	Puffersysteme	58
2.3	Parameter des Säure-Basen-Haushalts	59
2.4	Störungen des Säure-Basen-Haushalts	61
2.4.1	Respiratorische Störungen	61
2.4.2	Nicht-respiratorische (metabolische) Störungen	62
2.5	Regulation und Kompensationen des Säure-Basen-Haushalts	65
2.5.1	Kompensationen respiratorischer Störungen	65
2.5.2	Kompensationen nicht-respiratorischer (metabolischer) Störungen	65
2.6	Zusammenfassung Säure-Basen-Haushalt	67

Relax Rente: Die entspannte Art, fürs Alter vorzusorgen.

Von Chancen der Kapitalmärkte profitieren, ohne Risiken einzugehen!

- **Sicherheit**
  „Geld-zurück-Garantie" für die eingezahlten Beiträge zum Ablauftermin

- **Wertzuwachs**
  Ihre Kapitalanlage profitiert Jahr für Jahr von den Erträgen der 50 Top-Unternehmen Europas, nimmt aber eventuelle Verluste nicht mit

- **Zusätzliche Renditechancen**
  Durch ergänzende Investition in renditestarke Fonds

- **Komfort**
  Wir übernehmen das komplette Anlagemanagement für Sie

- **Flexibilität**
  Während der gesamten Laufzeit an veränderte Lebenssituationen anpassbar

Lassen Sie sich beraten!
Nähere Informationen und unseren Repräsentanten vor Ort finden Sie im Internet unter
www.aerzte-finanz.de

Standesgemäße Finanz- und Wirtschaftsberatung

1 Atmung

Fragen in den letzten 10 Examen: 52

Das erste Kapitel behandelt die lebensnotwendigen Vorgänge der Atmung. Die wichtigsten Aufgaben der Atmung sind der Transport von Sauerstoff und Kohlendioxid sowie die Beteiligung am Säure-Basen-Haushalt des menschlichen Körpers.
Allgemein kann der Transport von Atemgasen aufgeteilt werden in eine äußere Atmung, den Transport der Atemgase und eine innere Atmung:
- Als äußere Atmung wird der Gasaustausch in der Lunge bezeichnet,
- der Transport der Atemgase umfasst die Vorgänge im Blutkreislaufsystem und
- die innere Atmung ist der Gasaustausch mit den Geweben.

1.1 Morphologische Grundlagen

Zunächst die zugrunde liegenden physiologisch relevanten morphologischen Fakten:
Der Bronchialbaum als Luft leitende Struktur der Lunge teilt sich in 23 Atemwegsgenerationen auf – ausgehend von der Trachea bis hin zu den Alveolen. Luftaustauschende Bereiche finden sich aber erst ab der 17. Aufteilungsgeneration.
In den Alveolen sind das Alveolargas und das Blut der Lungenkapillaren nur durch eine dünne Gewebeschicht voneinander getrennt. Diese Schicht wird als Blut-Gas-Barriere bezeichnet und vor allem durch die weit ausgespannten Alveolar-Epithelzellen vom Typ I gebildet. Alveolar-Epithelzellen vom Typ II sind kleiner und produzieren den Surfactant (s. 1.4.2, S. 11).

> **Merke!**
> - Die Austauschfläche der Lunge ist mit 50 bis 100 m² so groß wie ein halber Tennisplatz.
> - Der Durchmesser einer Alveole beträgt 300 μm oder 0,3 mm.

1.2 Physikalische Grundlagen

Was wäre die Physiologie nur ohne die Physik?

1.2.1 Ideale Gasgleichung

Die Zusammenhänge zwischen Volumen, Druck, Temperatur und der Stoffmenge eines Gases können durch die ideale Gasgleichung dargestellt werden:

$$p \cdot V = n \cdot R \cdot T$$

Hierbei wird der Druck (p) in kPa, das Volumen (V) in l, die Gasmenge (n) in mol und die Temperatur (T) in K (Kelvin) angeben. R ist die allgemeine Gaskonstante (= 8,31 J/mol · K).

> **Übrigens …**
> Der Wasserdampf folgt nicht der idealen Gasgleichung und muss in jeder Berechnung separat betrachtet werden.

1.2.2 Partialdruck

Verstanden werden muss auch die Bedeutung des Partialdrucks. Er ist der Teildruck, den ein bestimmtes Gas X zu einem Gesamtgasdruck P_{ges} eines Gasgemischs beiträgt:

$$P_{ges} = P_{x1} + P_{x2} + P_{x3} + P_{xn} + P_{H_2O}$$

1.2.3 Wasserdampfdruck

Wasserdampf ist gasförmiges Wasser und besitzt als wichtige Besonderheit einen oberen Grenzwert des Partialdrucks. Wird dieser obere Grenzwert erreicht, könnte mit einem Hygrometer eine Luftfeuchtigkeit von 100 % gemessen werden und wir würden uns fühlen, als hätten wir den dicksten Londoner Nebel um uns herum. Bei diesem temperaturabhängigen Sättigungsdruck (P_{H_2O}) steht nämlich der

1 Atmung

gasförmige Wasserdampf im Gleichgewicht mit flüssigem Wasser.

> **Merke!**
> Atemgas im menschlichen Körper ist körperwarm und vollständig wasserdampfgesättigt. Bei 37 °C beträgt die Wasserdampfsättigung 6,3 kPa.

Übrigens …

Angenommen die äußere Temperatur beträgt 37 °C und es liegt eine vollständige Wasserdampfsättigung vor – wie dies hin und wieder in tropischen Regenwäldern anzutreffen ist – dann ist die Perspiratio insensibilis (Wasserabgabe über die Lungen) gleich null.

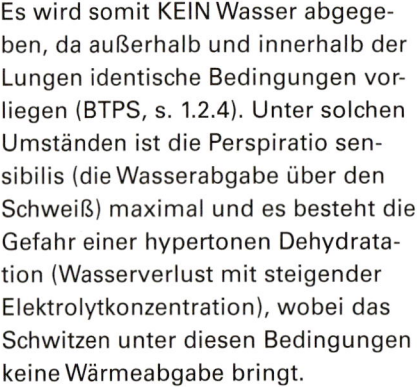

Es wird somit KEIN Wasser abgegeben, da außerhalb und innerhalb der Lungen identische Bedingungen vorliegen (BTPS, s. 1.2.4). Unter solchen Umständen ist die Perspiratio sensibilis (die Wasserabgabe über den Schweiß) maximal und es besteht die Gefahr einer hypertonen Dehydratation (Wasserverlust mit steigender Elektrolytkonzentration), wobei das Schwitzen unter diesen Bedingungen keine Wärmeabgabe bringt.

1.2.4 Messbedingungen

In der Physiologie werden insgesamt drei Messbedingungen eines Gases unterschieden:
- BTPS (body temperature pressure saturated) als die Körperbedingungen mit T = 37 °C (310 K), P = Umgebungsluftdruck P_B und einem Wasserdampfpartialdruck von P_{H_2O} = 6,3 kPa (vollständige Sättigung mit H_2O bei Körpertemperatur, 47 mmHg).
- ATPS (ambient temperature pressure saturated) als die Spirometerbedingungen mit der Temperatur im Spirometer (T_S von 20 oder 25 °C), dem Umgebungsluftdruck P_B und einem Wasserdampfdruck P_{H_2O} bei der entsprechenden Spirometertemperatur.
- STPD (standard temperature pressure dry) als die Standardbedingungen mit T = 0 °C (273 K), P = 101 kPa und einem wasserfreien Zustand mit P_{H_2O} = 0 kPa.

> **Merke!**
> V_{BTPS} ist etwa 10 % höher und V_{STPD} etwa 10 % niedriger als das spirometrisch gemessene Volumen V_{ATPS}:
> $V_{BTPS} > V_{ATPS} > V_{STPD}$

Viele Zahlen können zu diesem Thema aufgeführt werden, von denen aber nur einige wenige – hier fett markiert – regelmäßig gefragt wurden.

Das **Molvolumen** gibt das molare Normvolumen eines idealen Gases an und beträgt **22,4 l/mol**. Mit diesem Wert lässt sich beispielsweise die Stoffmenge von Sauerstoff in einem Alveolargasgemisch errechnen. Beispiel: Gegeben sind 6 l eines idealen Alveolargases mit 37 °C und einem Druck von 13,3 kPa. Hieraus lässt sich ableiten, dass
- der Anteil Sauerstoff am gesamten idealen (also ohne Wasserdampf) alveolären Gasgemisch bei 13,3 kPa O_2-Partialdruck und einem Gesamtdruck von 101 kPa ca. 13,3 % beträgt, was ca. 0,78 l entspricht.
- da das Molvolumen 22,4 l/mol beträgt –0,78 l Sauerstoff einer gesuchten Stoffmenge von **0,03 mol** entsprechen.

1.2.5 Zusammensetzung der Atemgase

	Frischluft	Alveolarluft	gemischte Exspirationsluft
O_2 (Vol.-%)	20,9 %	13,3 %	~ 15 %
P_{O_2}	150 mmHg (= 20 kPa)	100 mmHg (= 13,3 kPa)	
CO_2 (Vol.-%)	0,03 %	5,3 %	~ 4 %
P_{CO_2}	0,2 mmHg (= 0,03 kPa)	40 mmHg (= 5,3 kPa)	
N_2 (Vol.-%)	79,1 %	79,1 %	79,1 %
P_{N_2}	550 mmHg (= 74,1 kPa)	550 mmHg (= 74,1 kPa)	
H_2O (Vol.-%)	1–2 %	6–7 %	
P_{H_2O} unter BTPS	47 mmHg = **6,3 kPa**		
unter ATPS (hier 20 °C)	18 mmHg = 2,3 kPa		
unter STPD	0 mmHg = 0 kPa		

Tab. 1: Prozentuale Zusammensetzung und Partialdrücke der Atemgase

> **Merke!**
>
> In den letzten Jahren wurden neben den Werten in mmHg (Millimeter Quecksilbersäule) auch die Werte in kPa gefragt. Als Umrechnungsfaktor gilt:
> 1 mmHg = 133 Pa = 0,133 kPa,
> 1 kPa = 7,5 mmHg und 1 kPa = 10 hPa.

> **Merke!**
>
> Die Löslichkeit eines Gases hängt vom Partialdruck des Gases über der Flüssigkeit ab.

1.2.6 Löslichkeit von Gasen in Flüssigkeiten

Die Löslichkeit eines Gases – der Atemgase – ist die Grundvoraussetzung für den Transport in Flüssigkeiten, speziell im Blut. Das Henry-Gesetz beschreibt die physikalische Löslichkeit von Gasen in Flüssigkeit:

$$C_x = \alpha_x \cdot P_x$$

Dabei ist C_x die Konzentration eines in Flüssigkeit gelösten Gasmoleküls x; α_x ist der Bunsen-Löslichkeitskoeffizient, der abhängig ist vom Molekül der Flüssigkeit und der Temperatur. P_x ist der Partialdruck des Gases über der Flüssigkeit. Übrigens ist die physikalische Löslichkeit von CO_2 im Blut 20-mal größer als die von O_2.

1.3 Lungen- und Atemvolumina

Im Physikum werden Fragen zum Lungen- und Atemvolumen gestellt, die auch Rechenaufgaben umfassen. Es lassen sich zwei Arten von Lungenvolumina unterscheiden:
Ein Lungenvolumen, das durch den Einsatz von Atemmuskeln mobilisiert werden kann, und eines, das nicht durch Atemmuskeln mobilisierbar ist.
Das **mobilisierbare Volumen** lässt sich weiter unterteilen in (s. Abb. 1, S. 4)
– das **Atemzugvolumen** (AZV = 0,5 l) : das Volumen, das normalerweise ein- und ausgeatmet wird,
– das **inspiratorische Reservevolumen** (IRV = 3,5 l) : das Volumen, das nach einer normalen Einatmung noch zusätzlich eingeatmet werden kann,

1 Atmung

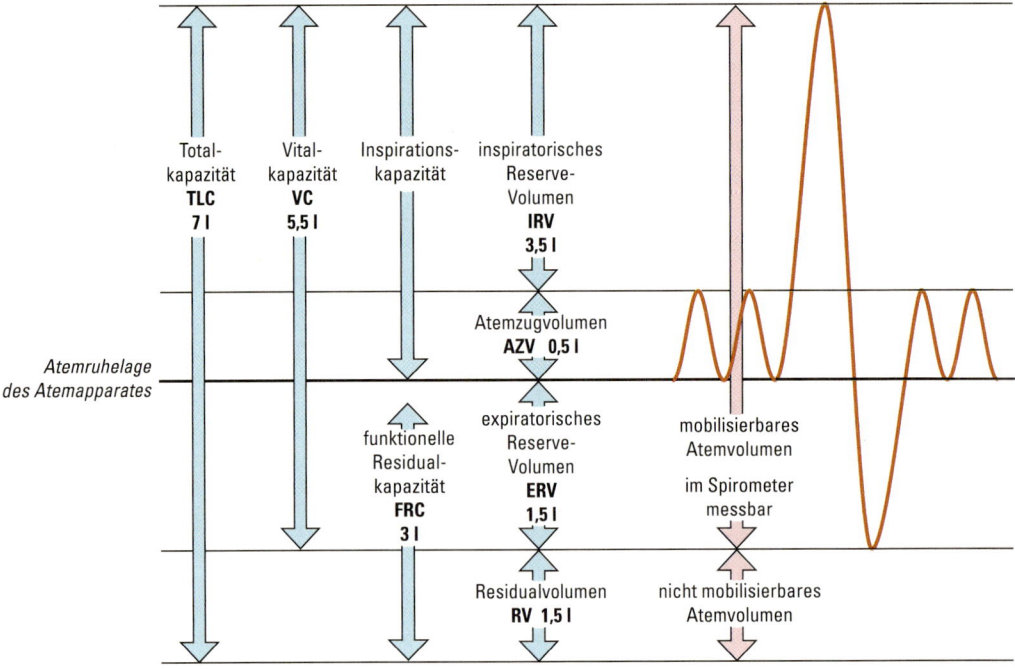

Abb. 1: Lungen- und Atemvolumina

medi-learn.de/6-physio4-1

- das **exspiratorische Reservevolumen** (ERV = 1,5 l) : das Volumen, das nach einer normalen Ausatmung noch zusätzlich ausgeatmet werden kann und
- die **Vitalkapazität** (VC = IRV + AZV + ERV = 5,5 l), die sich aus dem Atemzugvolumen, dem inspiratorischen und dem exspiratorischen Reservevolumen errechnet.

Das mobilisierbare Volumen kann direkt mit dem Spirometer gemessen werden.

Ein **Spirometer** ist ein in seinem Volumen veränderbarer gasdichter Hohlraum. Er kann mit einem Patienten verbunden werden und bewegt sich entsprechend der Atembewegungen auf und ab, wodurch ein Spirogramm aufgezeichnet wird.

> **Merke!**
>
> Am Ende einer normalen Ausatmung (Atemzugvolumen) wird die **Atemruhelage** des Atemapparats erreicht (s. Abb. 1, S. 4).

Das **nicht mobilisierbare Volumen** kann verglichen werden mit dem Volumen einer Plastikflasche, das nach dem Zusammendrücken mit einer Hand noch in dieser verbleibt und nicht weiter herausgedrückt werden kann. Dieses Volumen wird auch als **Residualvolumen (RV = 1500 ml)** bezeichnet.

> **Merke!**
>
> Das Residualvolumen kann NICHT direkt mit dem Spirometer bestimmt werden.

Um dennoch das Residualvolumen bestimmen zu können, bedient man sich der **Fremdgasverdünnungsmethode**. Dazu wird ein Patient mit einem Spirometer verbunden und atmet eine bestimmte Konzentration eines inerten Gases ein (s. Abb. 2, S. 5).

Das inerte Gas (Helium) verteilt sich in der Lunge und wird nicht in die Blutbahn aufgenommen, wodurch die Stoffmenge von Helium

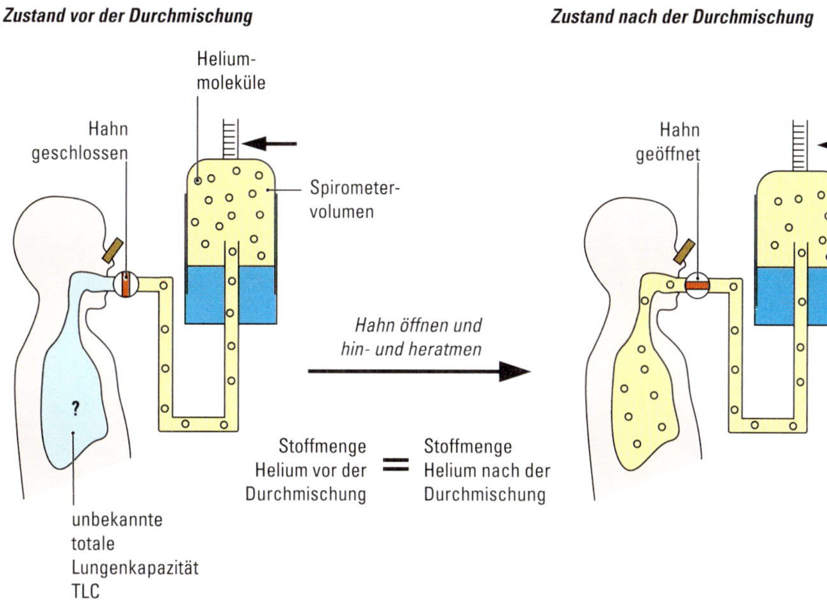

1.3 Lungen- und Atemvolumina

Zustand vor der Durchmischung — *Zustand nach der Durchmischung*

Hahn geschlossen · Heliummoleküle · Spirometervolumen

Hahn öffnen und hin- und heratmen

Stoffmenge Helium vor der Durchmischung = Stoffmenge Helium nach der Durchmischung

Hahn geöffnet

unbekannte totale Lungenkapazität TLC

Abb. 2: Fremdgasverdünnungsmethode   *medi-learn.de/6-physio4-2*

(Anzahl der Heliummoleküle) vor und nach der Verteilung gleich bleibt. Nur das Volumen, auf das sich die Heliummoleküle verteilt haben, hat sich vergrößert und umfasst nach der Verteilung das gesamte Lungenvolumen. Über eine Verhältnisgleichung der **Stoffmengen Helium vor der Durchmischung (vorher) und nach der Durchmischung (nachher)** kann das Volumen nach der Verteilung in den Lungen (totale Lungenkapazität) bestimmt werden:
Stoffmenge (vorher) = Stoffmenge (nachher)

> **Merke!**
> Stoffmenge = Konzentration · Volumen

Konzentration $_{(vorher)}$ · Volumen $_{(vorher)}$
= Konzentration $_{(nachher)}$ · Volumen $_{(nachher)}$

Bekannt sind die Werte für
- die Konzentration Helium$_{(vor\ der\ Durchmischung)}$
- das Volumen Spirometer$_{(vor\ der\ Durchmischung)}$

Die Konzentration Helium$_{(nach\ der\ Durchmischung)}$ wird durch eine Probenentnahme bestimmt.

Durch Umformen der Gleichung kann das Volumen$_{(nachher)}$ (= Spirometervolumen + totale Lungenkapazität) errechnet werden:

$$\text{Volumen}_{[TLC\ ges]} = \frac{\text{Konzentration Helium}_{[vorher]} \cdot \text{Volumen Spirometer}_{[vorher]}}{\text{Konzentration Helium}_{[nachher]}}$$

Mit der Fremdgasverdünnungsmethode kann die **totale Lungenkapazität (TLC)** errechnet werden, wenn der Patient vor Öffnen des Spirometerhahns **vollständig einatmet**.
Zur Bestimmung des Residualvolumens muss von der errechneten totalen Lungenkapazität die im Spirometer gemessene Vitalkapazität abgezogen werden:
Residualvolumen = totale Lungenkapazität − VC

> **Merke!**
> Eine Kapazität ist aus mindestens zwei Volumina zusammengesetzt.

1 Atmung

Übrigens ...
Mit der Fremdgasverdünnungsmethode wird nur das **belüftete** Lungenvolumen bestimmt (das Volumen, in dem sich Helium verteilt). Zur Bestimmung des gesamten Intrathorakalen Gasvolumens, unabhängig davon welche Bereiche ventiliert werden, dient die Bodyplethysmografie (s. 1.4.4, S. 18). Hierbei gehen auch extrapulmonale Gasvolumina wie beim Pneumothorax oder nicht belüftete, aber atemgashaltige Bereiche wie beim Lungenemphysem, mit in die Messung ein.

Atmet ein Patient in Ruhe nur das Atemzugvolumen ein und aus, so wird das aktuell nicht mobilisierte exspiratorische Reservevolumen (ERV) und das Residualvolumen (RV) zur **funktionellen Residualkapazität** (FRC) zusammengezogen (s. Abb. 1, S. 4):
funktionelle Residualkapazität (FRC)
= exspiratorisches Reservevolumen (ERV) + Residualvolumen (RV)

> **Merke!**
>
> Bei einem 25-jährigen Mann beträgt der Anteil der funktionellen Residualkapazität an der totalen Lungenkapazität etwa 45 %.

Parameter	Symbol	Mittelwerte Männer und Frauen [l]
Atemzugvolumen	AZV	0,5
inspiratorisches Reservevolumen	IRV	3,5
exspiratorisches Reservevolumen	ERV	1,5
Vitalkapazität	VC	5,5
Residualvolumen	RV	1,5
funktionelle Residualkapazität	FRC	3,0
totale Lungenkapazität	TLC	7,0

Tab. 2: Mittelwerte der Atem- und Lungenvolumina

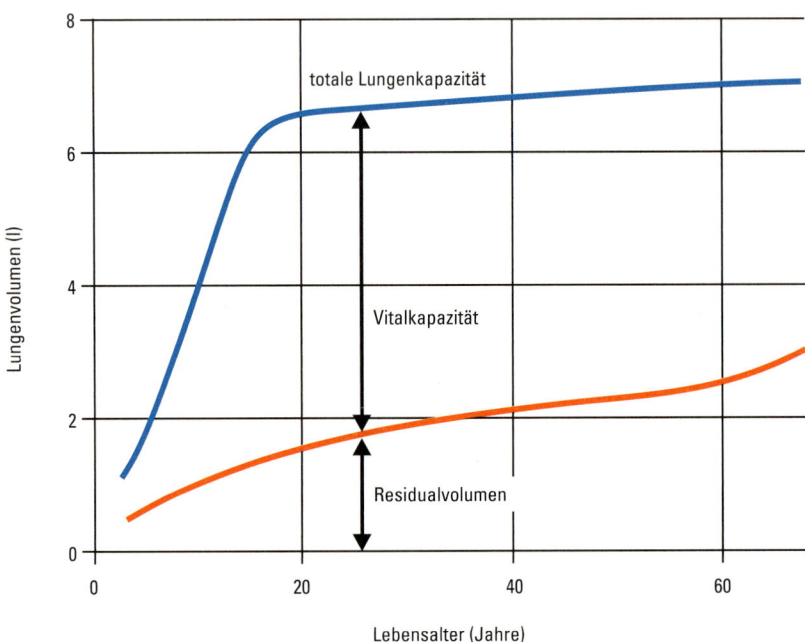

Abb. 3: Altersabhängigkeit von RV und VC

medi-learn.de/6-physio4-3

1.3 Lungen- und Atemvolumina

Tab. 2, S. 6 zeigt eine Zusammenfassung der wichtigen Atem- und Lungenvolumina unter BTPS-Bedingungen als Mittelwerte von Männern und Frauen.

> **Merke!**
>
> Die Lungenvolumina sind abhängig von der Körpergröße, dem Alter, Geschlecht und Trainingszustand des Patienten.

Übrigens ...
Das Residualvolumen und die Vitalkapazität ändern sich mit dem Lebensalter: Bis zum Abschluss der Wachstumsphase steigen das Residualvolumen und vor allem die Vitalkapazität an. Mit zunehmendem Alter vergrößert sich das Residualvolumen auf Kosten der Vitalkapazität bei nahezu gleich bleibender totaler Lungenkapazität, was jedoch bei Rauchern viel schneller geht!

Durch den Tabakrauch wird nämlich ein Methioninrest des Proteins **α1-Antitrypsin** zu Methioninsulfoxid oxidiert und so das gesamte Enzym inaktiviert. Durch den Wegfall der hemmenden Wirkung des α1-Antitrypsins kann das Enzym **Elastase** ungehemmt seine Wirkung entfalten. Dies führt bei jahrelangem Rauchen zum Abbau des Lungenparenchyms und zur Ausbildung eines **Lungenemphysems**. Beim Lungenemphysem findet man eine vermehrte Füllung der Lungen und eine Erweiterung des Thoraxraumes, die als Fassthorax sichtbar ist. Durch die Parenchymzerstörung reduziert sich die für die Diffusion zur Verfügung stehende Austauschfläche. Gleichzeitig erhöht sich der Atemwegswiderstand vor allem bei der Ausatmung (Resistance, s. 1.4.4, S. 18), da es durch die verminderte elastische Zugspannung auf die kleinen Bronchiolen zum Kollaps und dadurch zu einer **Entspannungsobstruktion** kommt.

DAS BRINGT PUNKTE

Du solltest dir unbedingt merken, dass zu den **anatomischen Grundlagen** der Atmung in den letzten Physika lediglich gefragt wurde, dass
- die Alveolar-Epithelzellen Typ I an der Blut-Gas-Barriere beteiligt sind.

Im Gegensatz hierzu wurden in den vergangenen Jahren zunehmend Fragen zu den **physikalischen Grundlagen** der Atmung gestellt. Hierzu solltest du wissen, dass
- unter Körperbedingungen (BTPS) bei 37 °C die Wasserdampfsättigung 6,3 kPa beträgt,
- für die Volumenbeziehung $V_{BTPS} > V_{ATPS} > V_{STPD}$ gilt,
- unter Zuhilfenahme der idealen Gasgleichung die Stoffmenge eines Gases errechnet werden kann, wenn Druck, Volumen, Temperatur und allgemeine Gaskonstante bekannt sind, nach der Formel:
$p \cdot V = n \cdot R \cdot T$
- bei der Einatmung vollständig mit Wasserdampf gesättigter Luft (BTPS) die respiratorische Perspiratio insensibilis (Wasserabatmung) gleich null ist,
- bei der Perspiratio sensiblils (Schwitzen) die Gefahr einer hypertonen Dehydration besteht,
- der Sauerstoffpartialdruck in der Umgebungsluft 20 kPa beträgt und
- die Löslichkeit von CO_2 im Blut 20-mal größer ist, als die von O_2.

Zum Themenkomplex der **Atem- und Lungenvolumen** solltest du dir merken, dass
- die funktionelle Residualkapazität NICHT allein mit dem Spirometer bestimmt werden kann und
- bei 25-jährigen Männern der Anteil der funktionellen Residualkapazität an der Totalkapazität der Lunge etwa 45 % beträgt.

FÜRS MÜNDLICHE

Folgende Fragen zu den Themenkomplexen Grundlagen und Volumina kannst du nun alleine oder in deiner Lerngruppe rekapitulieren:

1. Was können Sie mir zum Bronchialbaum der Lunge sagen?
2. Durch welche Zellen wird in der Lunge die Blut-Gas-Schranke gebildet?
3. Was können Sie mir zur Zusammensetzung der Umgebungsluft sagen?
4. Welche Messbedingungen unterscheiden Sie in der Physiologie?
5. Mit welcher Formel können Sie die Volumenunterschiede der einzelnen Messbedingungen errechnen?
6. Nennen Sie uns bitte die Zusammensetzung des Lungenvolumens!
7. Wie können Sie das Residualvolumen bestimmen?
8. Erläutern sie uns den Unterschied zwischen Residualvolumen und Residualkapazität!

FÜRS MÜNDLICHE

1. Was können Sie mir zum Bronchialbaum der Lunge sagen?
Der Bronchialbaum teilt sich in 23 Atemwegsgenerationen auf. Erst ab der 17. kommen die 0,3 mm dicken Alveolen vor, in denen der Atemgasaustausch stattfindet.

2. Durch welche Zellen wird in der Lunge die Blut-Gas-Schranke gebildet?
Die Blut-Gas-Barriere wird vor allem von den Alveolar-Epithelzellen Typ I gebildet.

3. Was können Sie mir zur Zusammensetzung der Umgebungsluft sagen?
Sie besitzt einen Luftdruck von etwas über 100 kPa. Diese 100 kPa ergeben sich aus den Partialdrücken für O_2 von etwa 20 kPa, CO_2 von 0,03 kPa, N_2 von etwa 74,1 kPa und einem Partialdruck Wasserdampf von 6,3 kPa bei 37 °C und voller Wasserdampfsättigung sowie dem Partialdruck der Edelgase (u. a. Helium ...).

4. Welche Messbedingungen unterscheiden Sie in der Physiologie?
– Die Körperbedingungen (BTPS) bei 37 °C,
– die Spirometerbedingungen (= ATPS) bei meistens 20 °C und
– die physikalischen Standardbedingungen (STPD) bei 0 °C und Wasserfreiheit.

Bei den ersten beiden Bedingungen entspricht die Wasserdampfsättigung der jeweiligen Temperatur. Das Volumen unter Körperbedingungen ist etwa 10 % größer und das unter physikalischen Bedingungen etwa 10 % geringer als das Volumen im Spirometer.

5. Mit welcher Formel können Sie die Volumenunterschiede der einzelnen Messbedingungen errechnen?
Mit der idealen Gasgleichung können die Volumina unter verschiedenen Bedingungen errechnet werden:
$p \cdot V = n \cdot R \cdot T$. Sie gibt die Beziehung zwischen dem Partialdruck, dem Volumen, der Stoffmenge und der Temperatur eines Gases an und ist abhängig von der allgemeinen Gaskonstante (= 8,31 J/mol · K).

6. Nennen Sie uns bitte die Zusammensetzung des Lungenvolumens!
Die totale Lungenkapazität beträgt etwa 7,0 l und lässt sich aufteilen in
– ein Atemzugvolumen von normal 0,5 l,
– ein inspiratorisches Reservevolumen von 3,5 l und
– ein exspiratorisches Reservevolumen von 1,5 l.

Diese Volumina werden als Vitalkapazität bezeichnet und können willkürlich geatmet werden. Daneben gibt es noch ein Lungenvolumen, das nicht durch Atemmuskeln mobilisiert werden kann: das Residualvolumen von etwa 1,5 l.

7. Wie können Sie das Residualvolumen bestimmen?
Die mobilisierbaren Volumina der Vitalkapazität können mit dem Spirometer direkt gemessen werden. Für die Bestimmung des Residualvolumens wird die indirekte Methode der Fremdgasverdünnung benutzt. Hierzu wird ein Gas eingeatmet, das nicht in die Blutbahn übertreten kann – meist Helium. Eine bestimmte Stoffmenge Helium wird eingeatmet und das Volumen sowie die Konzentration vor und nach der Durchmischung ins Verhältnis gesetzt. Dadurch wird die totale Lungenkapazität errechnet, von der man die im Spirometer messbare Vitalkapazität abzieht, um die Residualkapazität zu erhalten.

8. Erläutern sie uns den Unterschied zwischen Residualvolumen und Residualkapazität!
In körperlicher Ruhe wird nur ein Atemzugvolumen von 0,5 l geatmet und das exspiratorische Reservevolumen nicht verändert. In dieser Situation kann das exspiratorische Reservevolumen zum Residualvolumen hinzugezogen werden, wodurch man die funktionelle Residualkapazität erhält.

Pause

Mach' mal Pause!
Bevor auch dein Blutdruck zu stark ansteigt ...

1.4 Atemmechanik

Für die Ein- und Ausatmung der Atemluft werden Atemmuskeln benötigt. Die Intensität der notwendigen Muskelaktivität ist abhängig von der Elastizität und Dehnbarkeit der Lunge sowie des Thorax. Außerdem müssen noch die Reibungskräfte überwunden werden, die bei der Luftströmung entstehen.

In diesem Kapitel wird zunächst auf die Atemmuskeln, die Atemarbeit und dann auf die Elastizität des Atemapparats eingegangen. Anschließend werden die Zusammenhänge der Compliance des Atemapparats dargestellt. Den Abschluss bilden die Atemwegswiderstände und die Resistance.

> **Merke!**
>
> Die Compliance wird besonders gern in der mündlichen Prüfung gefragt.

1.4.1 Atemmuskeln und Atemarbeit

Die Atemmuskeln führen zu einer Vergrößerung des Thoraxvolumens, wodurch die Atemluft in die Lungen einströmt. Die Atemmuskeln sind
- die Mm. intercostales externi und das Zwerchfell für die **Einatmung**,
- die Mm. sternocleidomastoidei und die Mm. scaleni als **Reserve bei forcierter Einatmung**.
- die Mm. intercostales interni und die Bauchmuskeln (Bauchpresse) als **Reserve bei forcierter Ausatmung**.

> **Merke!**
>
> Unter Ruhebedingungen erfolgt die **Exspiration** passiv durch die Retraktionskraft der Lunge.

Die Atemmuskeln müssen unterschiedliche Kräfte überwinden und leisten hierbei Arbeit:

Die **Inspirationsarbeit** der Atemmuskeln richtet sich gegen
- **elastische Widerstände** bei der Dehnung von Lunge und Thorax,
- **viskose Kräfte** (Reibungsarbeit) für die Bewegung der Atemluft im Bronchialbaum.

Die **Exspirationsarbeit** der Atemmuskeln erfolgt
- passiv durch Nutzung der – während der Inspiration – **gespeicherten Energie**,
- bei **vermehrter Arbeit** durch zusätzliche Nutzung der **Exspirationsmuskeln** (z. B. bei obstruktiven Atemwegserkrankungen, s. 1.6.1, S. 28).

1.4.2 Elastizität der Lunge

Die Elastizität der Lunge wird durch drei Faktoren bestimmt:
1. Dehnbarkeit und geometrische Anordnung **elastischer Fasern** im Lungengewebe.
2. **Verankerung** jeder Alveole im umgebenden Lungengewebe, wodurch eine Balance der Dehnung geschaffen wird. Kollabiert eine Alveole, so erweitern sich andere, wodurch sich ein Gleichgewicht der Alveolardehnung einstellt.
3. Verminderung der Oberflächenspannung in den Alveolen durch **Surfactant (surface active agents)**.

Gerade der dritte Punkt wurde sehr gern im schriftlichen Physikum gefragt und wird deshalb hier näher erläutert: Das **Surfactant** ist ein Stoffgemisch und besteht zu 90 bis 95 % aus **Phospholipiden**, besonders aus Phosphatidylcholin (Lecithin). Weiterhin enthält es vier spezifische **Surfactant-Proteine** und einen **geringen Kohlenhydratanteil**. Gebildet wird das Surfactant von **Typ II Alveolarzellen**.

Wie kann diese Wirkung von Surfactant erklärt werden?

1 Atmung

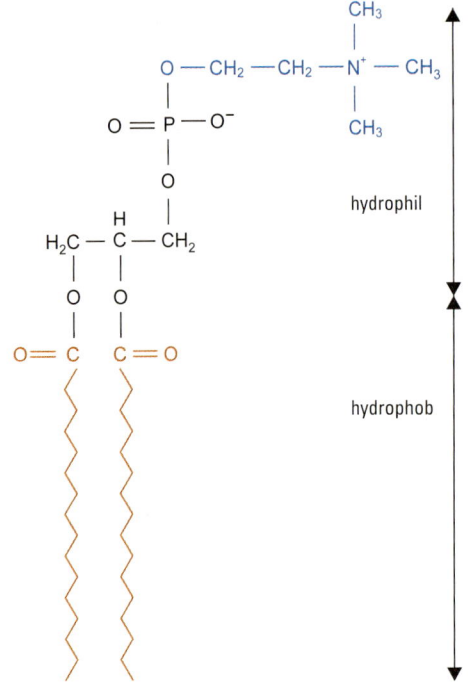

Abb. 4: Phosphatidylcholin-Strukturformel

medi-learn.de/6-physio4-4

Hier die Antwort, um auch diese im mündlichen Physikum beliebte Frage beantworten zu können:
Surfactant kleidet wie Kleister alle Nischen und Hohlräume in den Alveolen aus, glättet so die Oberflächen und befindet sich an der Grenzschicht zwischen Alveolargas und Flüssigkeitsfilm auf den Alveolarzellen. Genau an dieser Grenzschicht wirkt auch die **Oberflächenspannung**. Die Oberflächenspannung zieht die Alveolen zusammen, wodurch die Retraktionskräfte der Lunge verstärkt werden. Ohne Surfactant würde es zu einem Kollaps der Alveolen kommen.
Bei der Betrachtung der Strukturformel von Phosphatidylcholin fällt die Aufteilung in eine **polare** (hydrophile, wasserlösliche) Kopfgruppe und einen **unpolaren** (hydrophoben, wasserabweisenden) Schwanzteil auf. Hier liegt der Grund für seine Wirkungsweise: Surfactant mindert die Oberflächenspannung und Retraktionskräfte, indem sich seine polaren Anteile zum Flüssigkeitsfilm hin ausrichten und die unpolaren Anteile in die Alveolargasphase hineinragen. Kommt es bei der **Ausatmung** zu einer Verkleinerung der Alveolen, so rücken die unpolaren Anteile des Surfactant näher zueinander. Dadurch erhöhen sich aber die **Abstoßungskräfte der unpolaren Anteile** untereinander, weshalb die Alveole nicht kollabiert und die Oberflächenspannung vermindert wird.

> **Merke!**
>
> Surfactant vermindert die Oberflächenspannung in Alveolen und verhindert dadurch Atelektasen = einen Kollaps von Alveolen.

Übrigens …
Bei einem **Surfactantmangel** – wie er bei Frühgeborenen auftreten kann – kommt es zu einer Zunahme der Oberflächenspannung in den Alveolen. Mit steigender Oberflächenspannung nehmen jedoch auch die Retraktionskräfte der Lunge zu, wodurch die Compliance (Dehnbarkeit) der Lunge sinkt (s. 1.4.3, S. 13) und mehr Kräfte für die Dehnung der Lunge benötigt werden. Das Frühgeborene muss deshalb sehr angestrengt (dyspnoeisch) atmen. Dieses Krankheitsbild wird als **Atemnotsyndrom des Frühgeborenen (IRDS**, infant respiratory distress syndrome) bezeichnet. Es lässt sich durch die direkte Gabe von Rindersurfactant oder synthetischem Surfactant in die Lungen therapieren.

Beim **Surfactantmangel** kommt es am Ende der **Ausatmung** (endexspiratorisch) zu einer Besonderheit, die gern im schriftlichen Physikum gefragt wird: Endexspiratorisch kann die Oberflächenspannung in den Alveolen so groß werden, dass die Alveolen kollabieren, wodurch die Compliance der Lunge sinkt. Die Lunge wird dann insgesamt kleiner und füllt einen kleineren Raum im Thorax aus. Die starke endexspiratorische Verkleinerung der Lunge bewirkt eine **Abnahme des Drucks im Pleuraspalt** (einen größeren Unterdruck im Pleuraspalt). Bei einem **Surfactantmangel** kommt es nach so einem Kollaps der Alveolen zu einer Minderbelüftung der Alveolen und zu einer **hypoxischen pulmonalen Vasokonstriktion der Arteriolen**, NICHT jedoch der Kapillaren (Euler-Liljestrand-Mechanismus, s. 1.5, S. 27),  wodurch die besser belüfteten Lungenareale durchblutet werden, aber auch der Rechts-Links-Shunt ansteigt.

> **Merke!**
>
> Beim **Surfactantmangel** kommt es endexspiratorisch durch einen Kollaps der Alveolen zu einem stärker negativen Pleuradruck.

1.4.3 Elastizität und Dehnbarkeit

Im schriftlichen Teil des Physikums finden sich zu diesem komplexen Thema erstaunlich wenig Fragen. Dennoch sollten die wesentlichen Zusammenhänge verstanden sein, da  gerade die Dehnbarkeit (Compliance) des Atemapparats gern in der mündlichen Prüfung gefragt wird.

Definition des transmuralen Drucks und der Compliance

Zum besseren Verständnis der Compliance wird hier ein Beispielexperiment vorgestellt (s. Abb. 5, S. 13).

Beispiel
Ein Luftballon wird mit einer Luftpumpe verbunden. Durch die Luftpumpe kann

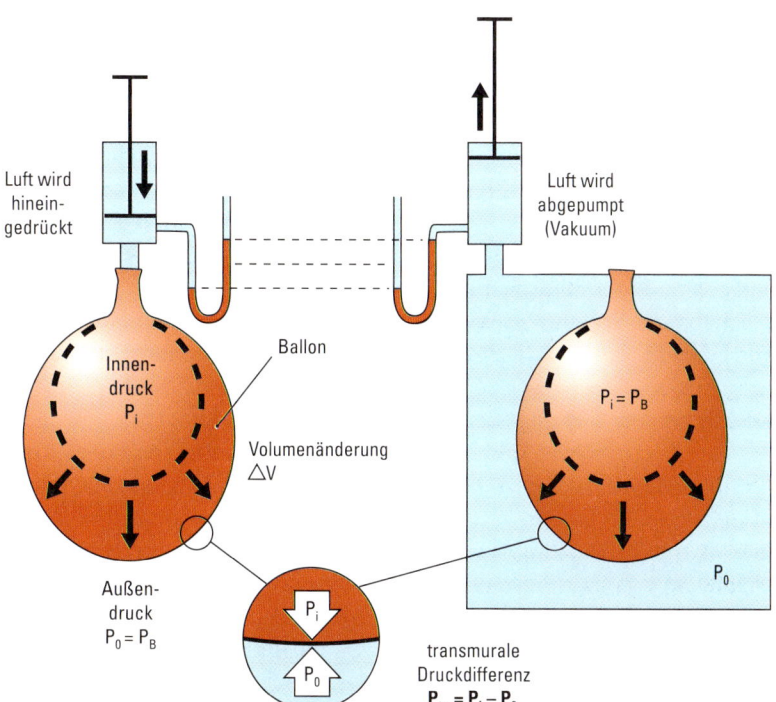

Abb. 5: Experiment transmuraler Druck und Compliance *medi-learn.de/6-physio4-5*

1 Atmung

Luft in den Luftballon hineingedrückt werden. Ein zweiter Luftballon befindet sich in einer luftdicht verschlossenen Apparatur Nur die Öffnung des Luftballons ist so eingespannt, dass sie mit dem Umgebungsluftdruck kommunizieren kann. Durch eine Vakuumpumpe kann Luft aus der Apparatur herausgepumpt und ein Unterdruck erzeugt werden.

Welcher Luftballon entfaltet sich dabei stärker? Der erste Luftballon, in den Luft hineingepumpt wird, oder der zweite, aus dessen Umgebung eine identische Luftmenge aus der Apparatur herausgepumpt wurde? Die korrekte Antwort lautet: Beide Luftballons entfalten sich gleich stark. Wie lässt sich dies erklären und was hat es mit der Compliance zu tun?

Sowohl im Beispielexperiment als auch in unserem Körper hängt die Dehnung des Luftballons/Atemapparats von der erzeugten Druckdifferenz über seiner Wand ab – von der **transmuralen Druckdifferenz P_{tm}**. Sie berechnet sich aus dem Innendruck (P_i) **minus** dem **Außendruck** (P_o):

$P_{tm} = P_i - P_o$

In beiden Fällen ist die **transmurale Druckdifferenz identisch**, da im ersten Luftballon der **Innendruck erhöht** und im zweiten der **Außendruck um den gleichen Betrag negativer wird**.

Wird bei solch einem Experiment die Änderung der transmuralen Druckdifferenz und die Volumenänderung registriert, so können diese Werte im Druck-Volumen-Diagramm (Dehnungskurve) dargestellt werden. Der Anstieg dieser Kurve ist dann die Volumendehnbarkeit – die **Compliance**:

$C = \Delta V / \Delta P_{tm}$

Der Kehrwert der Compliance (1/C) ist die **Elastance** – die Steifigkeit.

Wer selbst schon einmal einen Luftballon aufgepustet und versucht hat, ihn zum Platzen zu bringen, wird festgestellt haben, dass es kurz vor dem Plat-

zen schwierig und anstrengend ist, noch mehr Luft in den Luftballon hineinzupumpen. Kurz vor dem Platzen nimmt nämlich die Compliance (Volumendehnbarkeit) des Luftballons ab und die Elastance (Steifigkeit) zu.

> **Merke!**
>
> Die Compliance (Volumendehnbarkeit) ist ein Maß für die elastischen Widerstände eines Systems. Sie ist der Anstieg im Druck-Volumen-Diagramm. Je steiler die Kurve, desto größer die Compliance (Dehnbarkeit).

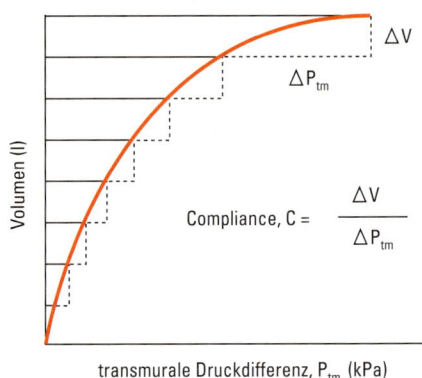

Abb. 6: Anstieg Druck-Volumen-Diagramm

medi-learn.de/6-physio4-6

Transmuraler Druck und Compliance im Atemapparat des Menschen

Nach diesen experimentellen Vorüberlegungen wagen wir nun den Schritt in den menschlichen Körper: Der menschliche Atemapparat kann vereinfacht dargestellt werden als **zwei ineinander geschachtelte elastische Hohlkörper**. Der innere Hohlkörper stellt die Lunge und der äußere den Thorax dar. Beide Hohlkörper müssen zur Ein- und Ausatmung gedehnt werden und besitzen somit eine eigene Volumendehnbarkeit (Compliance). Da beide Hohlkörper in vivo (beim lebenden Menschen) zur Messung der Compliance nicht voneinander getrennt werden können, erfolgt die Messung am gesamten Atemapparat. Es stellt sich somit die Frage,

1.4.3 Elastizität und Dehnbarkeit

wie groß der jeweilige Anteil der Compliance der Lunge und der des Thorax an der Gesamtcompliance des Atemapparats ist.

> **Merke!**
>
> Die Compliance (C) errechnet sich aus der Volumenänderung (ΔV) und der Änderung der transmuralen Druckdifferenz (ΔP_{tm}):
> $C = \Delta V / \Delta P_{tm}$

Beginnen wir mit den Betrachtungen der transmuralen Druckdifferenzen von Lunge, Thorax und Atemapparat. Zur Wiederholung hier noch einmal die Definition der transmuralen Druckdifferenz:

> **Merke!**
>
> Die **transmurale Druckdifferenz** berechnet sich aus dem **Innendruck** (P_i) minus dem **Außendruck** (P_o).
> – Für die **Lunge** berechnet sich die **transpulmonale Druckdifferenz** aus dem **Alveolardruck** (P_A) minus dem **Pleuradruck** (P_{pl}):
> – $P_{tm\ (Lunge)} = P_A - P_{pl}$
> – Für den Thorax berechnet sich die transthorakale Druckdifferenz aus dem **Pleuradruck** (P_{pl}) minus dem **äußeren Luftdruck** (P_B):
> – $P_{tm\ (Thorax)} = P_{pl}$
> – Für den **gesamten Atemapparat** berechnet sich die **Trans-Atemapparat-Druckdifferenz** aus **Alveolardruck** (P_A) minus dem **äußeren Luftdruck** (P_B):
> – $P_{tm\ (Atemapparat)} = P_A$

Da sich der äußere Luftdruck (P_B) während der Messung nicht ändert, kann er in der Rechnung vernachlässigt werden.
Wie können die einzelnen Drücke nun in vivo gemessen werden?
– Der P_A = intrapulmonale Druck oder Alveolardruck wird bei **geöffneter Glottis** als **Munddruck** gemessen, wenn kein Luftstrom vorhanden ist.
– Der P_{pl} = intrapleurale Druck oder Pleuradruck wird durch Anstechen des Pleuraspalts direkt (Cave: Pneumothorax) oder durch eine **Ösophagusdrucksonde** bei aufrechtem Oberkörper in einer bestimmten Höhe gemessen.
– Der P_B = Barometerdruck oder äußere Luftdruck ändert sich während der Messung nicht und kann daher als Konstante aus der Rechnung entfernt werden.

Passive Druck-Volumen-Beziehungen von Lunge, Thorax und Atemapparat

Aus dem Druck-Volumen-Diagramm lässt sich die Compliance von Lunge, Thorax und Atemapparat ablesen. Die Compliance des Atemapparats kann mit der folgenden Formel errechnet werden:
$1/C_{Th+L} = 1/C_{Th} + 1/C_L$

> **Merke!**
>
> Die Compliance des Atemapparats errechnet sich aus dem Kehrwert der Compliance von Lunge und Thorax – es addieren sich die Elastancen (1/C) von Lunge und Thorax.

Besonders in der mündlichen Prüfung des Physikums wird gern nach der Volumendehnbarkeit und den Ruhedehnungskurven von Lunge, Thorax und Atemapparat gefragt. Die Ruhedehnungskurve vom Thorax wird bei völlig entspannter Thorax-Muskulatur aufgezeichnet.

Du solltest dir den groben Kurvenverlauf sowie die Aussagen und Interpretationen einiger markanter Punkte der Kurven gut merken.

Wird in der mündlichen Prüfung die Aufgabe gestellt, das Druck-Volumen-Diagramm und die Ruhedehnungskurven zu erläutern, so solltest du unbedingt mit der Beschreibung der Achsen beginnen:

1 Atmung

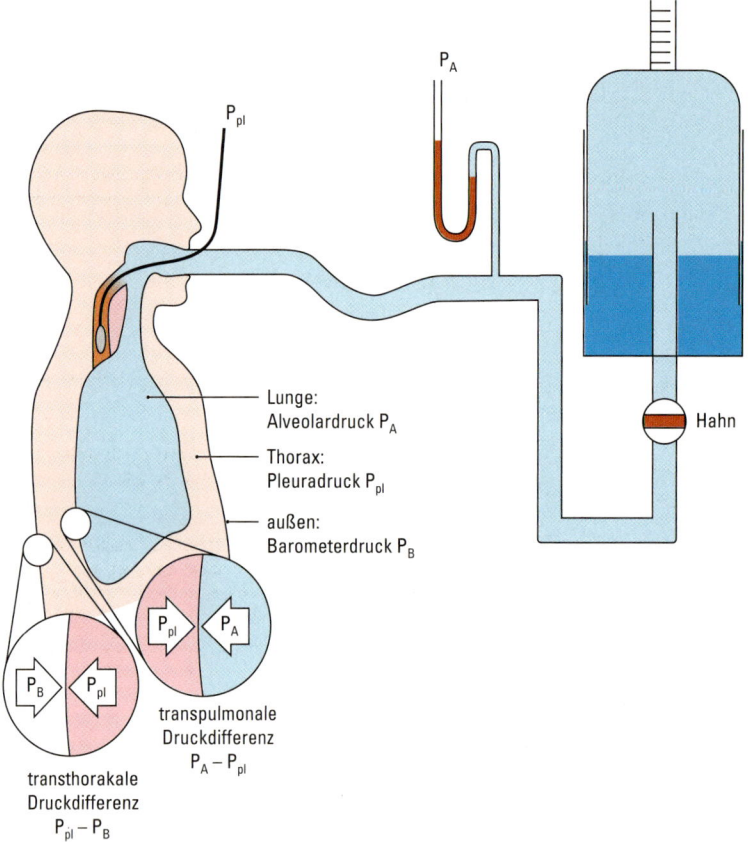

Abb. 7: Transmuraler Druck im Atemapparat

medi-learn.de/6-physio4-7

- Auf der **x-Achse** sind die transmuralen **Druckdifferenzen** in kPa aufgetragen. Eine transmurale Druckdifferenz von **Null** liegt im **Gleichgewichtszustand** vor. Hier ist der Innendruck gleich dem Außendruck. Ist die transmurale Druckdifferenz **negativ**, so ist das System gestaucht und es möchte sich ausdehnen. Ist sie **positiv**, so ist das System gedehnt und die zusammenziehenden Retraktionskräfte sind sehr stark ausgeprägt.
- Auf der **y-Achse** sind die jeweiligen **Lungenvolumina** aufgetragen. Drei Werte sollten bekannt sein: **RV** bezeichnet das Residualvolumen mit etwa 1,5 l.
- **FRC** bezeichnet die funktionelle Residualkapazität mit etwa 3,0 l – sie wird am Ende einer normalen Ausatmung erreicht und bezeichnet die **Atemruhelage**. Der letzte Wert ist die **TLC**, die totale Lungenkapazität mit etwa 7,0 l.

Ruhedehnungskurven werden durch Messung der transmuralen Druckdifferenzen bei bestimmten Lungenvolumina registriert.

Merke!

- Lunge, Thorax und Atemapparat streben ihrer Gleichgewichtslage zu. In der Gleichgewichtslage ist die transmurale Druckdifferenz gleich Null und somit sind Innendruck und Außendruck identisch.
- Die transmuralen Druckdifferenzen errechnen sich aus
  - $P_{tm\,(Lunge)}$ = $P_A - P_{pl}$
  - $P_{tm\,(Thorax)}$ = P_{pl}
  - $P_{tm\,(Atemapparat)}$ = P_A

1.4.3 Elastizität und Dehnbarkeit

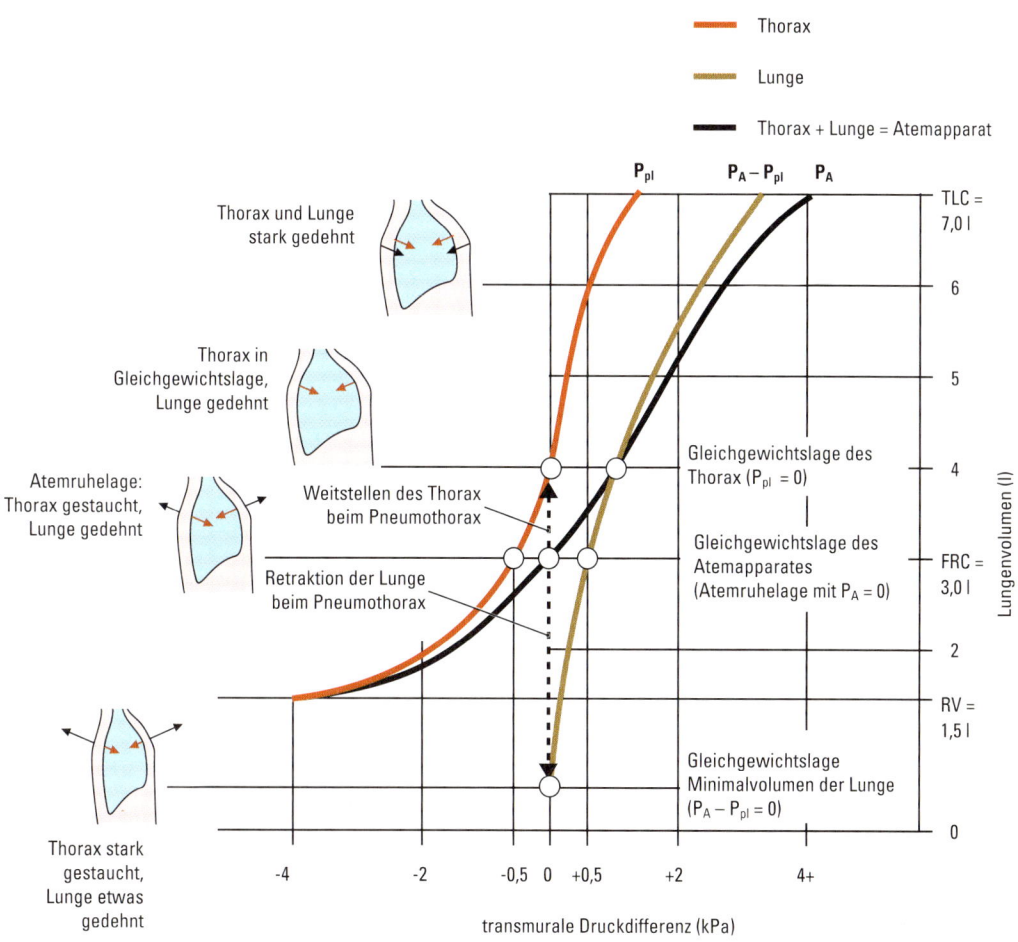

Abb. 8: Passive Druck- und Volumenbeziehungen

medi-learn.de/6-physio4-8

Jetzt werden noch zwei markante Punkte auf den Ruhedehnungskurven näher vorgestellt:
1. der Punkt der **physiologischen Atemruhelage** und
2. der **Zustand im Pneumothorax**.

Der erste Punkt ist der physiologische Punkt der Atemruhelage. Die Atemruhelage wird am Ende einer normalen Ausatmung erreicht, bei der die Lungen die funktionelle Residualkapazität (FRC) von etwa 3,0 l enthalten. Bei diesem Volumen befindet sich der Atemapparat in der Gleichgewichtslage und die transmurale Druckdifferenz des Atemapparats ist gleich Null. Nun stellt sich die Frage, in welchem Dehnungszustand sich Lunge und Thorax befinden. Zusammengehalten werden die Lunge und der Thorax durch den Unterdruck im Pleuraspalt und einen dünnen Flüssigkeitsfilm.

> **Merke!**
>
> Unter Ruhebedingungen befindet sich im **Pleuraspalt** ein Unterdruck von etwa −0,5 kPa.

Sicherlich hast du schon einmal versucht, zwei nasse Glasplatten zu trennen und festgestellt, dass sie sich sehr gut gegeneinander verschieben lassen, jedoch schwer voneinander zu trennen sind. In der Atemruhelage

– am Ende einer normalen Ausatmung – bei etwa 3,0 l Lungenvolumen beträgt die transmurale Druckdifferenz des Thorax **–0,5 kPa** und der Lunge **+0,5 kPa**. Dies bedeutet, dass der Thorax in der Atemruhelage gestaucht und die Lunge gedehnt ist. Der Thorax hat daher das Bestreben sich **auszudehnen**, und die Lunge möchte sich **zusammenziehen**, um die jeweilige eigene Gleichgewichtslage zu erreichen. Beide Hohlkörper sind nun aber durch den Unterdruck und den Flüssigkeitsfilm im Pleuraspalt miteinander gekoppelt und halten so den gesamten Atemapparat in seiner Gleichgewichtslage. Der Begriff „Gleichgewichtslage des Atemapparats" bedeutet, dass die Lungendehnung und die Thoraxverkleinerung hier im Gleichgewicht stehen, wodurch die transmurale Druckdifferenz des gesamten Atemapparats gleich **Null** ist.

Der **zweite Zustand** ist die pathologische Situation beim **Pneumothorax**. Ein Pneumothorax entsteht z. B. nach einem Lungenriss oder nach einer Stichverletzung von außen. Dabei dringt Luft in den Pleuraspalt ein, die den Unterdruck beseitigt und eine Trennung von Thorax und Lunge bewirkt. Die Kopplung zwischen Lunge und Thorax ist damit aufgehoben und beide Hohlkörper streben ihrer eigenen Gleichgewichtslage zu:

- Der **Thorax** bewegt sich auf seiner Ruhedehnungskurve in Richtung Gleichgewichtslage des Thorax und dehnt sich dazu aus.
- Die **Lunge** bewegt sich auf der Ruhedehnungskurve in Richtung Gleichgewichtslage der Lunge und zieht sich bis auf ein Minimalvolumen zusammen – die Lunge kollabiert.

In der Gleichgewichtslage ist die transmurale Druckdifferenz gleich Null.

> **Übrigens ...**
> Ein Patient mit beidseitigem Pneumothorax besitzt einen vergrößerten Brustkorb und kollabierte Lungen. Es müssen Thoraxdrainagen in den Pleuraspalt eingebracht werden, um die eingedrungene Luft ausströmen zu lassen, oft muss der Patient beatmet werden.

Zum Abschluss noch einige prüfungsrelevante **Aussagen zu den Ruhedehnungskurven**: Die Compliance ist dort am größten, wo die Ruhedehnungskurve am steilsten (die Steigung der Kurve am größten) ist. Eine große Compliance bedeutet eine große Volumendehnbarkeit. Es kann somit festgehalten werden, dass

- der Atemapparat seine größte Volumendehnbarkeit (Compliance) im Zustand der **Atemruhelage** (am Ende einer normalen Ausatmung, wenn nur noch die funktionelle Residualkapazität enthalten ist) besitzt, da an diesem Punkt die Ruhedehnungskurve am steilsten verläuft.
- bei **langsamer Inspiration** der transpulmonale Druck als $(P_A - P_{pl})$ zunimmt.
- bei **geringeren Lungenvolumina** vor allem die Elastance (Steifigkeit) des Thorax zunimmt. Seine Compliance nimmt dann also ab, was an der Abflachung der Ruhedehnungskurve zu sehen ist. Die Compliance der Lunge erreicht mit abnehmendem Lungenvolumen ihr Maximum.
- bei **größeren Lungenvolumina** die Elastance der Lunge zu- und die Compliance abnimmt (die Ruhedehnungskurve flacht sich ebenfalls ab). Der Thorax verliert hier allerdings nur wenig an Volumendehnbarkeit.

1.4.4 Atemwegswiderstände – die Resistance

Mit der Compliance hast du im vorhergehenden Kapitel die elastischen Widerstände des Atemsystems kennen gelernt. Welche Kräfte werden nun der strömenden Atemluft entgegengesetzt und wie sind die viskösen Widerstände definiert? Um die Atemluft in die Alveolen zu befördern, sind zwei Möglichkeiten denkbar:

1. ein **Überdruck** im Mund drückt Luft in die Alveolen = der Patient wird beatmet, oder
2. ein **Unterdruck** im Alveolarraum saugt Luft in die Alveolen = der Patient atmet selbst.

1.4.4 Atemwegswiderstände – die Resistance

In beiden Fällen wurde eine **treibende Druckdifferenz** zwischen Alveolarraum und Mundbereich aufgebaut, die einen Luftstrom erzeugt.

> **Merke!**
> Für eine Luftströmung ist eine Druckdifferenz = ein Strömungsdruck notwendig.

Der Atemwegswiderstand ist analog zum elektrischen Widerstand definiert. Das Ohm-Gesetz besagt, dass der **elektrische Widerstand** (R) aus der Spannung – also der elektrischen Potentialdifferenz (U) – geteilt durch die Stromstärke (I) resultiert:
$R = U / I$
Für den Atemwegswiderstand, der als Resistance (R_L) bezeichnet wird, gilt analog:
$R_L = (P_A - P_{ao}) / V$

Hierbei ist P_A der Druck im Alveolarraum, P_{ao} der Druck im Mund und V die Atemstromstärke. Für die schriftliche Prüfung solltest du dir die Formel der Resistance unbedingt einprägen.

> **Merke!**
> Die Resistance ergibt sich aus dem Verhältnis der treibenden Druckdifferenz zur Atemstromstärke.

Übrigens ...
- Der Atemwegswiderstand (die Resistance der Lunge R_L) kann mithilfe des **Ganzkörperplethysmografen** ermittelt werden. Bei der Ganzkörperplethysmografie sitzt der Patient in einer Kammer und es werden Druckschwankungen der Kammer gemessen, die den **Änderungen des intrapulmonalen Drucks** (Druck im Alveolarraum) entsprechen. Durch ein Mundstück kann zusätzlich die Atemstromstärke ermittelt werden.
- Etwa **80 % des Gesamtatemwegswiderstands** fallen in den **oberen sieben Verzweigungsgenerationen** (Mund, Nase, Rachen, Trachea, Stamm-, Lappen- und Segmentbronchien) an. Dagegen entfällt nur ein etwa 20%iger Anteil der Resistance auf die peripheren Atemwege unter 2 mm. Ursache hierfür ist der in der Peripherie **stark zunehmende Gesamtquerschnitt** der Bronchien.

Zur exakten Messung des Atemwegswiderstands (Resistance der Lunge R_L) wird der intrapulmonale Druck benötigt. Dieser Druck kann nicht direkt gemessen, aber indirekt mit Hilfe der **Bodyplethysmografie** bestimmt werden. Hierbei sitzt der Patient in einer Kammer und es werden Druck- und Volumenschwankungen registriert, die den Änderungen des intrapulmonalen Drucks (Druck im Alveolarraum) entsprechen. Durch ein Mundstück kann zusätzlich die Atemstromstärke ermittelt werden. Wenn die Atemstromstärke V in Abhängigkeit vom bodyplethysmografisch ermittelten alveolären Druck P_A registriert wird, kann die Resistance $R_L = (P_A - P_{ao}) / V$ aus der Steigung der Kurve abgelesen werden. Bei einem gesunden Erwachsenen beträgt der Atemwegswiderstand während ruhiger Atmung durch den Mund zwischen 0,05 und 0,3 kPa pro L/sec. Schwankungen der Resistance zeigen sich als Schleifen und ermöglichen die differenzielle Beurteilung pathologischer Veränderungen (s. Abb. 11, S. 23).

Der Atemwegswiderstand ändert sich mit dem Tonus der glatten Bronchialmuskulatur und unterliegt humoralen, nervalen und lokal-chemischen Einflüssen. Eine Aktivierung des Sympathikus bewirkt über Adrenalin eine Aktivierung von β_2-Rezeptoren und führt zu einer **Bronchodilatation**.

Übrigens ...
Phosphodiesterase-Hemmer wie Koffein und Theophyllin blockieren Enzyme aus der Gruppe der Phosphodiesterasen und setzen so bei lokaler

Wirkung an den Bronchen den Atemwegswiderstand herab.

Die Aktivierung des Parasympathikus bewirkt eine **Bronchokonstriktion** und einen Anstieg der Resistance. Der lokale Faktor **NO**, der von Gefäß- und Lungenepithelzellen gebildet wird, erweitert die Bronchien, das gefäßerweiternde **Bradykinin** wirkt dagegen bronchokonstriktorisch.

1.4.5 Zusammenhang zwischen Atemstromstärke, Alveolardruck und Pleuradruck

Schriftlich wie auch mündlich werden die Zusammenhänge zwischen Atemstromstärke, Alveolardruck und Pleuradruck sehr gern gefragt. Daher jetzt gut aufgepasst …

Stell dir am besten mal den Atemapparat bildlich vor: Ganz innen ist der Alveolarraum mit dem Alveolardruck, abgetrennt vom Pleuraraum und Pleuradruck durch die aufgespannte Lunge mit ihrer speziellen Compliance (Volumendehnbarkeit). Außen sind der Thorax und das Zwerchfell mit der einzigen Möglichkeit, durch Muskelkraft eine Bewegung des Atemapparats zu erreichen. Wie wirken nun die Muskelkräfte auf die inneren Strukturen, und wie müssen sich die Drücke im Pleura- und Alveolarraum ändern, damit Luft in den Alveolarraum einströmt? Unter Ruhebedingungen befindet sich im Pleuraspalt ein Unterdruck von etwa –0,5 kPa, der zusammen mit der Pleuraflüssigkeit die Verbindung zwischen Thorax und Lunge herstellt.

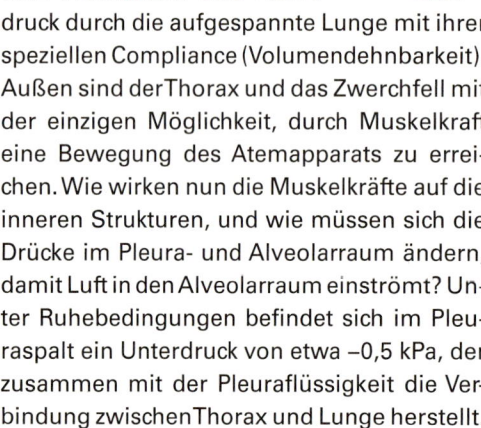

– Bei der **normalen Einatmung** wird der Brustkorb durch die Atemmuskeln erweitert. Diese **Brustkorberweiterung** erzeugt eine **Zunahme des Unterdrucks im Pleuraspalt**, der auf die Lunge wirkt und diese stärker entfaltet. Diese Lungenerweiterung erzeugt nun den notwendigen **Unterdruck im Alveolarraum, die treibende Druckdifferenz**, die nach Öffnen der Glottis und des Mundes **Atemluft in den Alveolarraum einströmen lässt (eine Atemstromstärke fließt)**.
Die einströmende Luft gleicht dann allmählich den Unterdruck im Alveolarraum aus, bis keine treibende Druckdifferenz mehr besteht und folglich auch keine Luft mehr strömt.

– Bei **forcierter Einatmung** soll die Atemluft sehr schnell in die Lungen eingesogen werden. Dafür muss sich der Thorax durch **rasche Anspannung der Atemmuskulatur** sehr schnell erweitern. Dies führt zu einem **starken Unterdruck im Pleuraspalt**, der die Lunge sich schneller entfalten lässt. Eine noch **schnellere Lungenerweiterung** führt zu einem **noch negativeren Druck im Alveolarraum**. Sowohl die treibende Druckdifferenz als auch die Atemstromstärke sind hier – im Vergleich zur normalen Atmung – wesentlich größer und ermöglichen so einen schnelleren Atemlufteinstrom. Die forcierte Inspiration hat auch Auswirkungen auf den Druck in der Vena cava superior, dieser sinkt in der Anfangsphase der forcierten Einatmung.

– Bei der **normalen Ausatmung** soll Luft aus dem Alveolarraum herausgedrückt werden. Hierzu **verkleinert sich der Thorax** nach Entspannung der Atemmuskulatur, wodurch die Rückstellkräfte der Lunge zu einer **Verkleinerung des Lungenvolumens** führen. Die treibende Druckdifferenz und die Atemstromstärke kehren sich um und Atemluft wird aus den Lungen herausgedrückt. Während der normalen Ausatmung wird der Unterdruck im Pleuraspalt geringer, ohne jedoch einen positiven Wert anzunehmen.

– Bei der **forcierten Ausatmung** wird der Lungeninhalt rasch ausgeatmet. Dazu werden **zusätzliche Ausatemmuskeln mobilisiert**, um rasch das Thoraxvolumen zu verkleinern. Der **Pleuradruck** kann unter diesen Bedingungen einen **positiven Wert** annehmen und drückt die Lunge zusätzlich zusammen. Es resultiert eine – auf Ausstrom gerichtete – höhere treibende Druckdifferenz, wodurch sich eine hohe Atemstromstärke einstellt. Bei maximaler Ausatmung, geöffneter Glottis und geöffnetem Mund nähert sich der Druck im Alveolarraum und im Pleuraspalt zum Ende der Ausatmung am stärksten an. Der Druck im Pleuraspalt kann jetzt positiv werden. Im Alveolarraum ist er nach ausgeströmter Atemluft gleich Null.

> **Merke!**
> - Bei **langsamer Ausatmung** wird der Pleuradruck positiver und nähert sich dem Nullwert an, OHNE ihn jedoch zu erreichen.
> - Bei **forcierter Ausatmung** steigt der Druck im Pleuraspalt und erreicht kurzfristig einen positiven Druck, um dann wieder negativ zu werden.

1.4.6 Dynamische Atemgrößen

Dynamische Atemgrößen sind wichtige diagnostische Kenngrößen des Atemapparats zur Messung des Atemwegswiderstands. Sie können im **Tiffeneau-Test** bestimmt werden, indem ein Patient mit einem Spirometer verbunden wird. Der Patient wird aufgefordert, aus **maximaler Einatmung** so schnell wie möglich auszuatmen. Dabei werden die Zeit und das ausgeatmete Volumen registriert.
- **Forcierte Vitalkapazität (FVC)** bezeichnet das gesamte schnellstmöglich ausatembare Lungenvolumen,
- **Einsekundenkapazität (FEV$_1$)** bezeichnet das Volumen, das in einer Sekunde maximal forciert ausgeatmet werden kann, normalerweise etwa **80 % der Vitalkapazität**, und
- **Atemgrenzwert** meint das maximale Atemzeitvolumen, das der Proband kurzzeitig willkürlich erreichen kann, normal etwa 120–170 l/min.

Die Werte der Einsekundenkapazität und der forcierten Vitalkapazität sind – genau wie die Vitalkapazität – vom Alter, Körperdimensionen, Geschlecht und Trainingszustand abhängig.

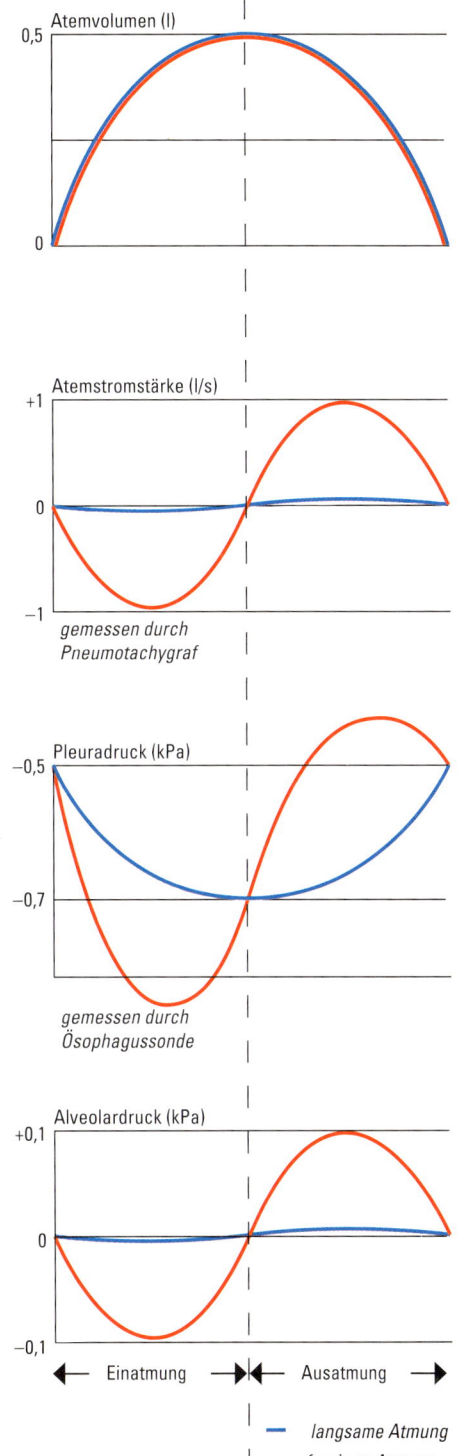

Abb. 9: **Atemstromstärke, Alveolardruck und Pleuradruck**   *medi-learn-de/physio4-9*

1 Atmung

> **Merke!**
> - Dynamische Atemgrößen beschreiben die Geschwindigkeit von Volumenänderungen und sagen etwas über den Atemwegswiderstand aus.
> - Die Erhöhung des Atemwegswiderstands führt zur Abnahme der Einsekundenkapazität.

- Eine Besonderheit besitzt die **forcierte Vitalkapazität**. Sie ist etwas geringer als die langsam ausgeatmete Vitalkapazität. Durch die **schnelle Ausatmung (forcierte Exspiration)** kommt es nämlich zu einer **Kompression der kleinen Atemwege** durch den **kurzzeitig positiv werdenden Pleuradruck**, was **dynamische Atemwegskompression** genannt wird (ist in Abb. 10, S. 22 nicht dargestellt).
- Aus dem im Tiffeneau-Test aufgezeichneten Volumen-Zeit-Diagramm kann neben der FVC und FEV_1 auch die Atemstromstärke (V̇) abgelesen werden. Die **forciert exspiratorische Atemstromstärke** ergibt sich als Anstieg der Atemkurve im mittleren Anteil.

1.4.7 Lungenfunktionsstörungen

Lungenfunktionsstörungen können unterteilt werden in restriktive und obstruktive Lungenfunktionsstörungen (s. Abb. 11, S. 23):

Restriktive Lungenfunktionsstörungen liegen vor bei einer Einschränkung der Expansionsfähigkeit des Atemapparats mit
- Verminderung der Vitalkapazität und totalen Lungenkapazität sowie
- Verminderung der Compliance des Atemapparats.

Die Ursachen hierfür sind Veränderungen des Lungenparenchyms wie bei der **Lungenfibrose**, Veränderungen der Pleura wie z. B. **Verwachsungen** oder Veränderungen der Beweglichkeit des Thorax wie bei einer **Skoliose**.

Obstruktive Lungenfunktionsstörungen liegen vor bei einer **Erhöhung des Atemwegswiderstands** durch
- Fremdkörper oder Sekret in den Atemwegen, z. B. bei **chronischer Bronchitis, Asthma** oder
- einengenden Druck von außen, z. B. bei einem **Ödem oder Tumor**.

> **Merke!**
> - Die Einsekundenkapazität ist bei restriktiven Lungenfunktionsstörungen NICHT verändert.
> - Vermehrte Aktivität exspiratorischer Atemmuskeln in körperlicher Ruhe und erhöhte Atemarbeit weisen auf eine obstruktive Ventilationsstörung hin.

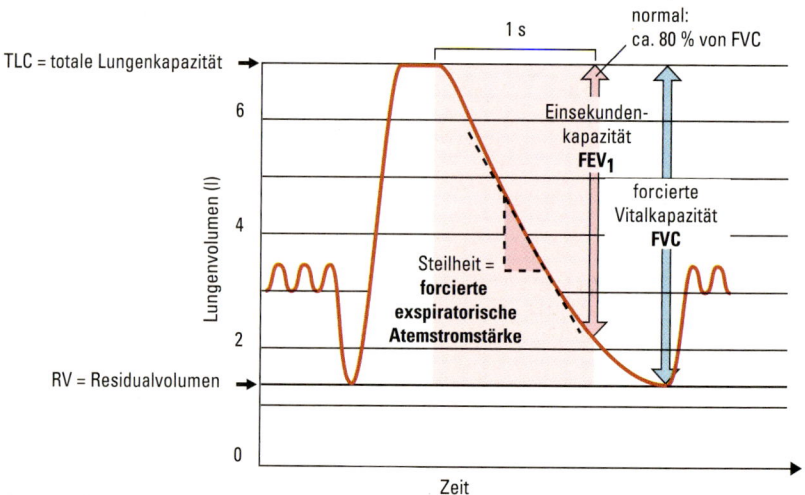

Abb. 10: Dynamische Atemgrößen

1.4.7 Lungenfunktionsstörungen

Übrigens ...
Beim **Asthma bronchiale** (obstruktive Lungenfunktionsstörung) kommt es durch Wandverdickung der hypertrophierten Schleimdrüsen und übermäßiger Schleimproduktion sowie Tonuserhöhung der Bronchialmuskulatur zu einer **Abnahme der Einsekundenkapazität (FEV$_1$ erniedrigt)**. Der erhöhte Atemwegswiderstand kann mithilfe einer Messung im **Ganzkörperplethysmografen** bestimmt werden.

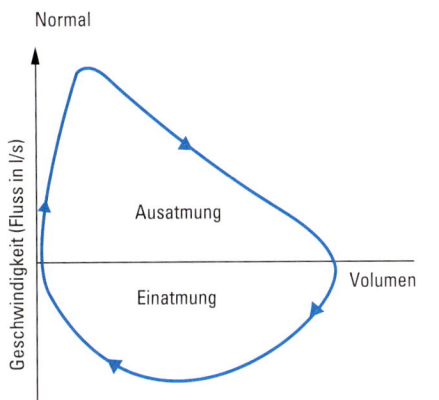

Normal

Kurve geht weit nach oben: Luft strömt schnell heraus.
Kurve geht weit nach rechts: Es strömt viel Luft heraus.

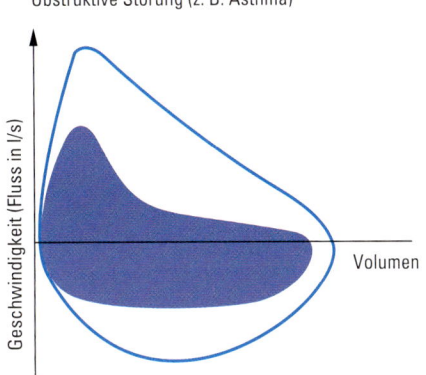

Obstruktive Störung (z. B. Asthma)

Kurve geht nicht so weit nach oben: Luft strömt nicht so schnell heraus. **Kurve geht weit nach rechts:** Es strömt viel Luft heraus, aber es dauert länger.

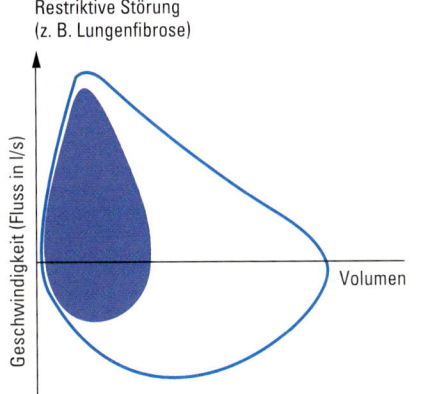

Restriktive Störung (z. B. Lungenfibrose)

Kurve geht weit nach oben: Luft geht schnell heraus.
Kurve geht kaum nach rechts: Es strömt wenig Luft heraus, weil auch nur wenig hinein strömt.

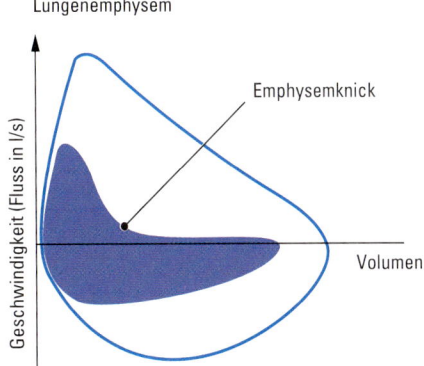

Lungenemphysem

Kurve geht nicht so weit nach oben: Die Luft strömt anfangs normal heraus, erreicht aber nicht die normale Ausströmgeschwindigkeit (verminderter Spitzenfluss). **Dann geht die Kurve nach unten:** Die Luft strömt noch langsamer heraus, weil die Atemwege kollabieren (Emphysemknick: flussabhängige Obstruktion). **Kurve geht weit nach rechts:** Es strömt ziemlich viel Luft heraus, aber es dauert länger (keine Restriktion der Lunge).

Abb. 11: Lungenfunktionsstörungen *medi-learn.de/6-physio4-11*

DAS BRINGT PUNKTE

Aus dem Kapitel **Elastizität der Lunge** solltest du dir merken, dass
- Typ II Alveolarepithelzellen Surfactant bilden und sezernieren,
- Surfactant die Oberflächenspannung in den Alveolen vermindert und Atelektasen (Lungenkollaps) verhindert,
- eine Verminderung von Surfactant zu einer Erhöhung der Retraktionskräfte der Lunge führt,
- es am Ende der Exspiration bei einem Mangel an Surfactant zu einem Kollaps der Alveolen mit Verkleinerung des gesamten Lungenvolumens kommen kann, wodurch der Druck im Pleuraspalt abnimmt.

Zur **Compliance** solltest du wissen, dass
- die Compliance der Anstieg der Kurve im Druck-Volumen-Diagramm ist,
- die Compliance (die Volumendehnbarkeit) umso größer ist, je steiler die Kurve verläuft,
- sich die Compliance des Atemapparats aus dem Kehrwert der Compliance der Lunge und des Thorax addiert,
- die Kurve des Thorax steiler verläuft als die Kurve des gesamten Atemapparats, also eine größere Compliance besitzt und
- bei einer restriktiven Ventilationsstörung die Compliance des Atemapparats typischerweise vermindert ist.

Zur **Resistance**, dem **Atemwegswiderstand** und den **dynamischen Atemgrößen** solltest du im Examen parat haben, dass
- die Resistance im Tiffeneau-Test durch Messung der Einsekundenkapazität bestimmt werden kann,
- die Formel der Resistance so lautet: $R_L = (P_A - P_{ao}) / \dot{V}$
- die peripheren Atemwege unter 2 mm Durchmesser nur einen Anteil von 20 % am Gesamtatemwegswiderstand der Lunge haben,
- die FEV_1 das Volumen ist, das nach einer Sekunde ausgeatmet ist,
- die in der Abb. 12, S. 25 dargestellte FEV_1 etwa 3,2 l (also 80 %) beträgt, d. h. nach einer Sekunde 3,2 l oder 80 % der Vitalkapazität ausgeatmet sind.
- $rFEV_1$ die relative Einsekundenkapazität ist und prozentual zum Gesamtvolumen gemessen wird,
- der Atemgrenzwert das Volumen ist, das in einer Minute maximal ein- oder ausgeatmet werden kann,
- die Erhöhung des Atemwegswiderstands zu einer Abnahme der Einsekundenkapazität führt.

Gern werden auch die Zusammenhänge zwischen **Alveolardruck**, **Pleuradruck** und **Atemstromstärke** gefragt:
- Während der Ruheatmung herrscht im Pleuraspalt immer ein Unterdruck.
- Bei maximaler Exspirationslage mit offener Glottis ist die Differenz zwischen den Drücken im Alveolarraum und im Pleuraspalt am geringsten.
- Bei der forcierten Ausatmung steigt der Druck im Pleuraspalt und nimmt kurzfristig einen positiven Wert an, um dann wieder negativ zu werden.
- Bei langsamer Exspiration wird der Pleuradruck positiver und nähert sich dem Nullwert an, ohne ihn jedoch zu erreichen.

Zu den **Lungenfunktionsstörungen** solltest du dir merken, dass die vermehrte Aktivität der exspiratorischen Atemmuskeln in körperlicher Ruhe und eine erhöhte Atemarbeit auf eine obstruktive Ventilationsstörung hinweisen.

DAS BRINGT PUNKTE

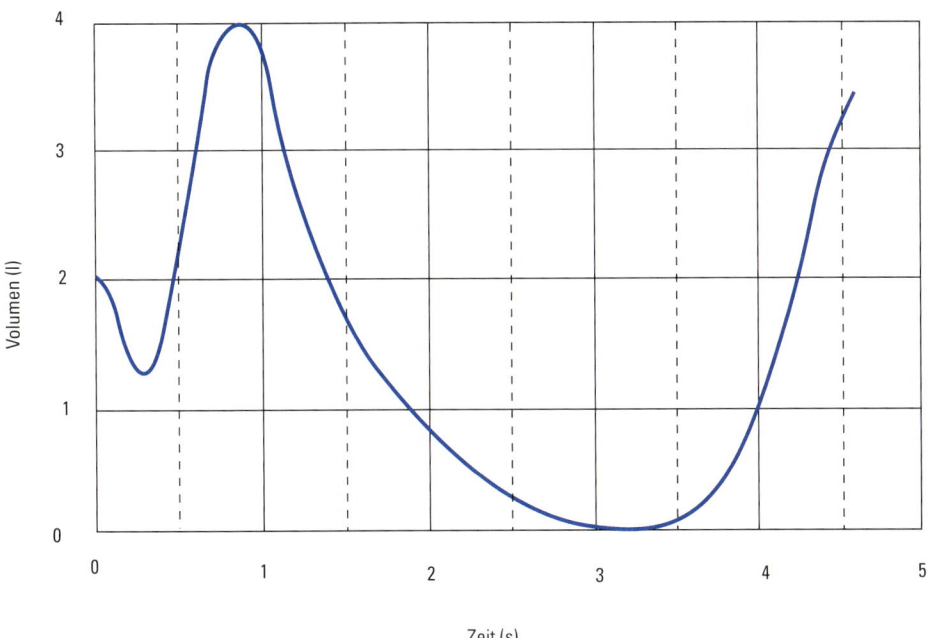

Abb. 12: Forcierte Exspiration im Tiffeneau-Test   medi-learn.de/6-physio4-12

FÜRS MÜNDLICHE

Das Thema Atemmechanik kannst du mit den folgenden Fragen für die mündliche Prüfung weiter verinnerlichen:

1. Erläutern Sie bitte, wie das Surfactant funktioniert.

2. Was sagt die Compliance aus?

3. Beziehen Sie bitte die Compliance auf den Atemapparat des Menschen. Was können Sie dazu sagen?

4. Können Sie die Grundzüge des eben Gesagten noch einmal kurz skizzieren, um dann zu beschreiben, wo sich die Gleichgewichtslage des Thorax und der Lunge befinden?

5. Zeigen Sie mir bitte diese Punkte.

1. Erläutern Sie bitte, wie das Surfactant funktioniert.
Beim Surfactant handelt es sich um ein Stoffgemisch, das zu 90–95 % aus Phospholipiden – besonders aus Phosphatidylcholin (Lecithin) – besteht. Das Surfactant kleidet wie Kleister die Alveolen aus. Kommt es zu einer Verkleinerung der Alveolen, so nähern sich die apolaren Anteile der Phosphatidylcholine sehr stark an und es steigen die

FÜRS MÜNDLICHE

Abstoßungskräfte zwischen ihnen. Die Vergrößerung der Abstoßungskräfte bei Verkleinerung der Alveolen bewirkt den Schutz vor dem Kollaps und stellt somit die Verminderung der Oberflächenspannung her.

2. Was sagt die Compliance aus?
Die Compliance ist die Volumendehnbarkeit. Sie besagt, wie dehnbar ein System ist. Dem gegenüber steht die Elastance, die Steifigkeit. Je höher die Elastance, desto geringer die Compliance.

3. Beziehen Sie bitte die Compliance auf den Atemapparat des Menschen. Was können Sie dazu sagen?
Die Compliance des Atemapparats resultiert aus der Compliance des Thorax und der Lunge. Das System des Atemapparats kann man sich vorstellen als zwei ineinander geschachtelte Hohlkörper: innen die Lunge und außen der Thorax. In diesem System ist die Lunge aufgespannt und der Thorax verkleinert. Beide Hohlkörper werden durch den Unterdruck im Pleuraspalt und die Adhäsionskräfte der Pleuraflüssigkeit zusammengehalten.
Je mehr Volumen in die Lunge aufgenommen wird, umso geringer wird die Compliance der Lunge. Die Compliance des Thorax bleibt fast unverändert hoch.

Die Gesamtcompliance resultiert aus der Compliance der Lunge und des Thorax und nimmt deshalb ab. Bei geringen Lungenvolumina nimmt die Compliance der Lunge immer mehr zu und die des Thorax immer mehr ab. Auch hier nimmt die Compliance des Atemapparats ab.

4. Können Sie die Grundzüge des eben Gesagten noch einmal kurz skizzieren, um dann zu beschreiben, wo sich die Gleichgewichtslage des Thorax und der Lunge befinden?
Die Kurve der Atemwegscompliance beschreibt eine S-Form. Die größte Compliance hat der Atemapparat am Ende einer normalen Ausatmung, also in der Atemruhelage. Die Gleichgewichtslage beschreibt einen Zustand der völligen Entspannung. Innendruck und Außendruck sind identisch, vergleichbar einem entleerten Luftballon. Der Thorax erreicht diesen Zustand bei einem Lungenvolumen über der Atemruhelage, die Lunge weit unter dem Residualvolumen, wenn sie komplett kollabiert ist.

5. Zeigen Sie mir bitte diese Punkte.
Siehe dazu Abb. 8, S. 17. Du solltest dafür unbedingt die Achsenbeschriftung und den groben Kurvenverlauf kennen.

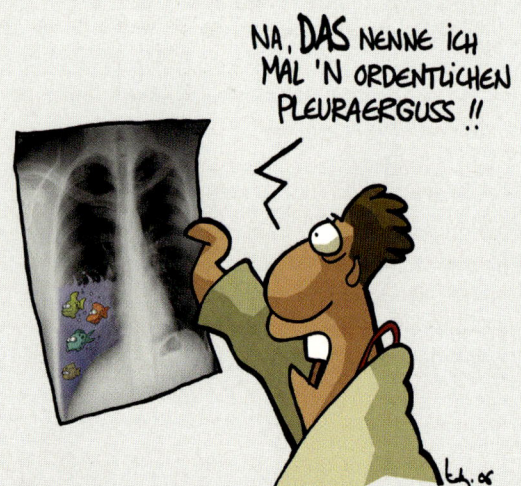

Pause

Päuschen! Nach Lungenfunktionsstörungen hast du dir jetzt wieder ein Comic verdient!

1.5 Lungenperfusion

Obwohl die Lungen mit dem kompletten Herzzeitvolumen durchblutet werden, ist der Druck in der Lungenstrombahn sehr viel niedriger als der totale periphere Widerstand im Systemkreislauf. Wie lässt sich das erklären?
In der Lungenstrombahn wird der **Strömungswiderstand passiv** und **aktiv beeinflusst**:
- Die **passive Herabsetzung** des Strömungswiderstands erfolgt durch
  - **Erweiterung** bereits durchströmter Gefäße oder
  - **passive Rekrutierung** neuer Gefäße.
- Die **aktive Erhöhung** des Strömungswiderstands erfolgt durch die **hypoxische pulmonale Vasokonstriktion**, der Kontraktion kleiner Arterien (Durchmesser von 200–400 µm) nach **Absenkung des alveolären P_{O_2}** unter 60 mmHg. Durch diesen als **Euler-Liljestrand-Effekt** bezeichneten Mechanismus wird die Durchblutung von schlecht belüfteten Lungenabschnitten reduziert.
- Die **aktive Beeinflussung** des Strömungswiderstands erfolgt außerdem durch bestimmte Substanzen wie **NO** (Stickstoffmonoxid), einem **potenten Vasodilatator des Endothels**.

> **Merke!**
> - Vor allem die **passive Gefäßerweiterung** und die **Rekrutierung** neuer Gefäße senken den pulmonalen Strömungswiderstand.
> - Die hypoxische pulmonale Vasokonstriktion ist eine Besonderheit der Lungenstrombahn.

Neben den aktiven und passiven Möglichkeiten der Beeinflussung der Lungenperfusion gibt es noch eine starke Abhängigkeit von der **Schwerkraft** und somit von der **Blutdrucksäule** in der Arteria pulmonalis. Bei einem aufrecht stehenden Menschen können in der Lunge grob **drei Zonen der Durchblutung** unterschieden werden:
1. In der **Lungenspitze** ist der Druck P_a in den Lungengefäßen kleiner als der Druck P_A im Alveolarraum, wodurch die Kapillaren komprimiert werden und kein Blut mehr fließen kann: **Da $P_A > P_a$, findet apikal eine sehr geringe Lungenperfusion statt**, wodurch sich eine **alveoläre Totraumbelüftung** einstellt.
2. Im mittleren Bereich der Lunge steigt die Durchblutung zunehmend an und
3. an der Lungenbasis ist der Druck in den Lungengefäßen viel größer als der Druck im Aveolarraum, und es gilt $P_a > P_A$ und somit

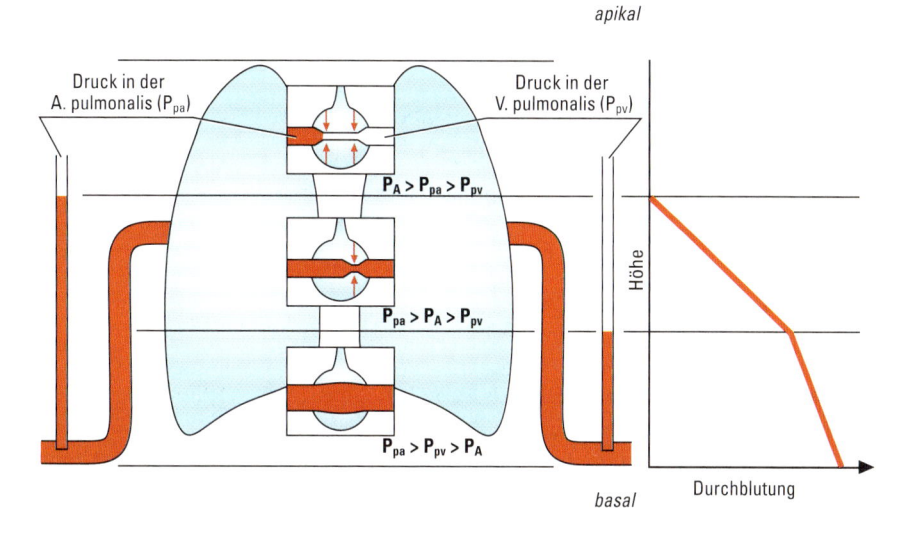

Abb. 13: Lungenperfusion

1 Atmung

basal eine sehr starke **Lungenperfusion**. Hier stellt sich im Extremfall ein **Rechts-Links-Shunt**, also eine venöse Beimischung ohne Ventilation, ein.

> **Merke!**
> Durch die Schwerkraft ist der Blutdruck apikal geringer als basal. Daher nimmt die Lungenperfusion zur Lungenbasis hin zu.

Schaut man sich den **Quotienten** aus der **gesamten alveolären Ventilation** und der **Gesamtperfusion** der Lunge an, so findet man bei einem Lungengesunden in körperlicher Ruhe einen Wert von **0,7**. Hierbei ist der Quotient apikal durch das Überwiegen der alveolären Ventilation größer und basal durch das Überwiegen der Perfusion kleiner.

1.6 Ventilation und Gasaustausch in der Lunge

Nachdem du gerade die Unterschiede der Durchblutung in der Lunge kennen gelernt und erfahren hast, dass nicht alle Bereiche der Lunge gleichmäßig durchblutet sind, werden in diesem Kapitel die Besonderheiten der Ventilation der Lunge erläutert:
- wie viel O_2 aufgenommen und wie viel CO_2 abgegeben werden kann,
- was der respiratorische Quotient aussagt,
- wie der Totraum und die Atemfrequenz die alveoläre Ventilation beeinflussen und
- wie Ventilation und Perfusion der Lunge miteinander zusammenhängen.

1.6.1 O_2-Aufnahme und CO_2-Abgabe

Als Normalwerte für einen lungengesunden jungen Menschen gelten in **körperlicher Ruhe**:
- **O_2-Aufnahme** etwa 310 ml/min,
- **CO_2-Abgabe** etwa 260 ml/min.

Diese Werte beziehen sich auf ein Atemzeitvolumen von 8000 ml/min, wobei etwa 5600 ml/min den Alveolarraum erreichen (s. 1.6.3, S. 29).

Bei einem untrainierten Mann kann z. B. die **maximale Sauerstoffaufnahme** auf 3000 ml/min gesteigert werden. Dies entspricht einer Verzehnfachung gegenüber der Sauerstoffaufnahme unter Ruhebedingungen und ist vergleichbar mit der Steigerungsmöglichkeit des Atemminutenvolumens eines untrainierten Mannes. Das Herzzeitvolumen (HZV) ist der begrenzende Faktor für die maximale O_2-Aufnahme. Umgekehrt kann aber auch aus der Sauerstoffaufnahme ($\dot{V}_{O_2}$) und der arteriellen und venösen Sauerstoffkonzentration (C_{aO_2} und C_{vO_2}) das **Herzzeitvolumen nach dem Fick-Prinzip** errechnet werden:

$$HZV = \dot{V}_{O_2} / C_{aO_2} - C_{vO_2}$$

1.6.2 Respiratorischer Quotient

Der respiratorische Quotient bezeichnet die Beziehung von CO_2-Abgabe zu O_2-Aufnahme:

$$RQ = \dot{V}_{CO_2} / \dot{V}_{O_2}$$

Daneben kann der respiratorische Quotient auch aus den Blutwerten errechnet werden:

$$RQ = C_{vCO_2} - C_{aCO_2} / C_{aO_2} - C_{vO_2}$$

Hierbei ist C_v die Konzentration von CO_2 oder O_2 im gemischt-venösen und C_a die Konzentration im arteriellen Blut. Die Beziehungen des respiratorischen Quotienten gelten nur dann, wenn der Körper sich im steady state (Fließgleichgewicht) befindet.

> **Übrigens ...**
> Gerade bei **körperlicher Arbeit** steigt der Sauerstoffverbrauch durch den Stoffwechsel prozentual stärker an als das Herzzeitvolumen und die Sauerstoffaufnahme: Es entsteht Laktat. In dieser Situation kann es daher zu einer nicht-respiratorischen (metabolischen) Azidose kommen (s. 2, S. 58).

1.6.3 Alveoläre Ventilation und Totraum

> **Merke!**
> - Der RQ beträgt normalerweise 0,84. Während einer aufregungsbedingten Hyperventilation steigt er anfänglich typischerweise an.
> - Im **steady state** sind Sauerstoffverbrauch und Kohlendioxidproduktion des Stoffwechsels gleich der Sauerstoffaufnahme und Kohlendioxidabgabe über die Lunge.
> - Um den Sauerstoffverbrauch im steady state auszurechnen, werden der Anteil von Sauerstoff in der Inspirationsluft (F_{IO_2}), der in der Exspirationsluft (F_{EO_2}) und das AZV benötigt.

> **Merke!**
> In Ruhe wird pro Atemzug weniger als ein Zehntel des Gasvolumens in der Lunge ausgetauscht.

Doch was genau ist das Totraumvolumen?

> **Merke!**
> Das Totraumvolumen ist der Anteil des Atemwegvolumens, der nicht am Gasaustausch beteiligt ist; also so etwas wie ein – bezüglich des Gasaustauschs – nutzloser und daher toter Raum.

1.6.3 Alveoläre Ventilation und Totraum

Pro normalem Atemzug (500 ml) erreichen etwa 350 ml Frischluft den Alveolarraum und mischen sich mit dem Gas der funktionellen Residualkapazität von etwa 3000 ml (s. 1.3, S. 3).

Bei normaler Atmung und normalem Stoffwechsel unterliegt die Zusammensetzung der Alveolarluft nur geringen Schwankungen. Hier noch einmal zur Wiederholung die Zusammensetzungen von Frischluft, Alveolarluft und Exspirationsluft:

Es kann aufgeteilt werden in einen
- **anatomischen Totraum**, der die Atemwege bis zu den Bronchioli respiratorii umfasst, und einen
- **funktionellen Totraum**, der die belüfteten, aber nicht durchbluteten Alveolen umfasst.

Übrigens ...
Der funktionelle Totraum spielt nur bei Erkrankungen wie z. B. dem embolischen Verschluss einer Pulmonalarterie eine Rolle.

	Frischluft	Alveolarluft	gemischte Exspirationsluft
O_2 (Vol.-%)	20,9 %	13,3 %	~ 15 %
P_{O_2}	**150 mmHg (= 20 kPa)**	**100 mmHg (= 13,3 kPa)**	
CO_2 (Vol.-%)	0,03 %	5,3 %	~ 4 %
P_{CO_2}	0,2 mmHg (= 0,03 kPa)	**40 mmHg (= 5,3 kPa)**	
N_2 (Vol.-%)	79,1 %	79,1 %	79,1 %
P_{N_2}	550 mmHg (= 74,1 kPa)	550 mmHg (= 74,1 kPa)	
H_2O (Vol.-%)	1–2 %	6–7 %	
P_{H_2O} unter BTPS	47 mmHg = **6,3 kPa**		
unter ATPS (hier 20 °C)	18 mmHg = 2,3 kPa		
unter STPD	0 mmHg = 0 kPa		

Tab. 3: Prozentuale Zusammentzung und Partialdrücke der Atemgase

1 Atmung

Berechnen lässt sich das Totraumvolumen mit der im Schriftlichen gern gefragten **Bohr-Totraumformel**:

$$V_D = \frac{V_T (F_{ACO_2} - F_{ECO_2})}{F_{ACO_2}}$$

V_D = Totraumvolumen, V_T = Atemzugvolumen, F_{ACO_2} = alveoläre CO_2-Fraktion bestimmt aus einer endexspiratorischen Gasprobe, F_{ECO_2} = CO_2-Fraktion in der gemischten Exspirationsluft.

Die **alveoläre CO_2-Fraktion** lässt sich aus einer Gasprobe am Ende einer Exspiration bestimmen. Aber wieso ist das möglich? In Abb. 14, S. 30 ist der Atemapparat des Menschen schematisch dargestellt. Bei der Einatmung verteilt sich die frische Atemluft (V_T) entlang der luftleitenden Strukturen (Totraum) bis zum Alveolarraum. Die Frischluft aus dem Totraum (V_D) wird in ihrer Zusammensetzung unverändert wieder ausgeatmet. Anschließend folgt die Luft aus dem Alveolarraum (V_A), die in ihrem Sauerstoffgehalt vermindert und im Kohlendioxidgehalt erhöht ist. Wird somit am Ende einer Exspiration eine Gasprobe genommen, so enthält diese reine Alveolarluft. Wird dagegen die gesamte Ausatemluft aufgefangen, so enthält diese ein gemischt-exspiratorisches Gas.

> **Merke!**
>
> Nur die Frischluft, die den Alveolarraum erreicht, nimmt am Gasaustausch teil.

Im schriftlichen Physikum werden oft Aufgaben gestellt, in denen die alveoläre Ventilation errechnet werden soll.

> **Merke!**
>
> – Die alveoläre Ventilation errechnet sich aus dem Atemzugvolumen abzüglich des Volumens aus dem Totraum.
> – Der Totraum (VD) kann mit etwa 150 ml oder 2 ml pro kg Körpergewicht angenommen werden.

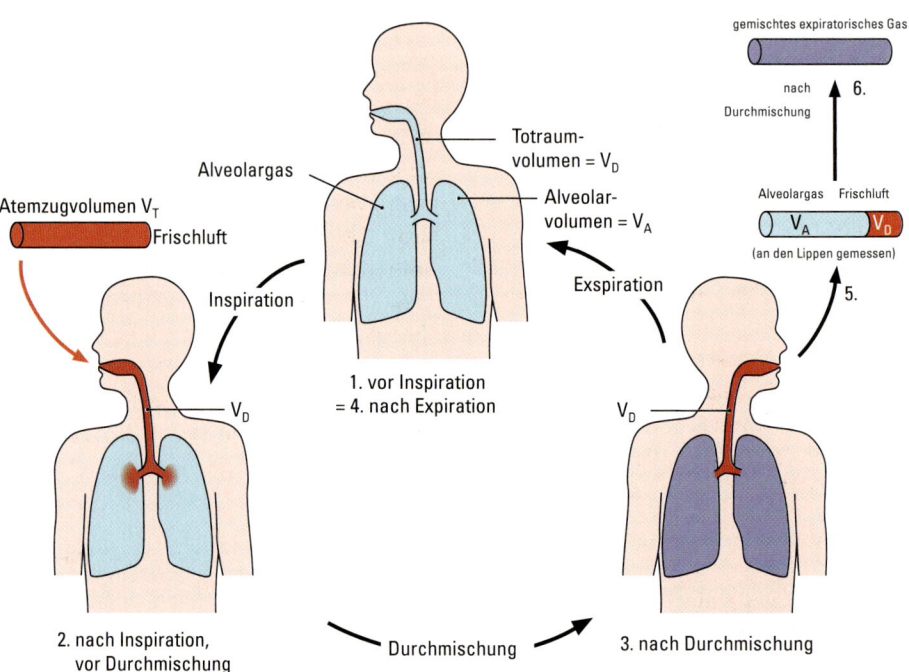

Abb. 14: Totraum

medi-learn.de/6-physio4-14

Beispiel
Das Atemzugvolumen (AZV) beträgt 300 ml und die Atemfrequenz 30/min. Wie groß ist dann die alveoläre Ventilation?
Alveoläre Ventilation =
(300 ml AZV - 150 ml VD) · 30/min = 4500 ml/min. Die alveoläre Ventilation unter den oben aufgeführten Bedingungen beträgt also etwa 4,5 l pro Minute.

1.6.4 Hyper-, Hypoventilation und Stoffwechsel

Eine Veränderung der Atemfrequenz hat einen großen Einfluss auf die Totraumventilation, die alveoläre Ventilation und die alveolären Partialdrücke der Atemgase. In Abb. 15, S. 32 sind die hyperbolen Zusammenhänge dargestellt. Für eine konstante Stoffwechsellage gilt: Ausgehend von den Ruhewerten (P_{O_2} = 13,3 und P_{CO_2} = 5,3 kPa) bei Verdopplung der alveolären Ventilation (von 5,6 auf 11,2 l/min) sinkt der alveoläre P_{CO_2} auf die Hälfte (Punkt 1 zu 4 in Abb. 15, S. 32) und der alveoläre P_{O_2} halbiert seinen Abstand zum P_{O_2} der Einatemluft (Punkt 1a zu 4a in Abb. 15, S. 32).

Merke!
- Bei steigender alveolärer Ventilation fällt der alveoläre CO_2-Partialdruck unter den Normalwert von P_{CO_2} = 5,3 kPa und der O_2-Partialdruck steigt an. Dies wird als **Hyperventilation** bezeichnet.
- Bei sinkender alveolärer Ventilation steigt der alveoläre CO_2-Partialdruck über den Normalwert von P_{CO_2} = 5,3 kPa und der O_2-Partialdruck sinkt ab. Dies wird als **Hypoventilation** bezeichnet.

Vorsicht ist geboten bei solchen Fragen im Physikum, in denen eine Veränderung der alveolären Ventilation mit einer Veränderung des Stoffwechsels kombiniert ist.

Bitte hier nicht verwirren lassen:
- Bei einer **Verdopplung** der **CO_2-Produktion** (gestrichelte Kurve) durch eine Stoffwechselerhöhung ohne einsetzende Atmungsregulation (ohne veränderte alveoläre Ventilation) ist auch der P_{CO_2} **verdoppelt** (von Punkt **1** = 5,3 auf **2** = 10,6 kPa auf der gestrichelten Kurve in Abb. 15, S. 32).
- Bei einer **Verdopplung** der **CO_2-Produktion** und einer einsetzenden Atmungsregulation mit einer Verdopplung der alveolären Ventilation bleibt der P_{CO_2} **jedoch weitgehend konstant bei 5,3 kPa** (Punkt **1** zu **3** auf der gestrichelten Kurve in Abb. 15, S. 32).

Merke!

Bei einer Verdopplung der alveolären Ventilation und CO_2-Produktion ausgehend vom Ruhewert bleibt der P_{CO_2} konstant bei 5,3 kPa.

1.6.5 Zusammenhang zwischen Ventilation und Perfusion

Neben den Perfusionsunterschieden (s. 1.5, S. 27), können auch Unterschiede in der regionalen alveolären Ventilation der Lunge beschrieben werden. Auch hier ist die Schwerkraft die Ursache: Da die Lungenalveolen alle miteinander verknüpft sind, kommt es zu einem Zug der unteren Alveolen an den oberen. Durch diesen Zug werden die Alveolarwände in den oberen Lungenabschnitten stärker gedehnt und verlieren dadurch an Compliance (die Elastance nimmt zu; s. 1.4.3, S. 13).

Merke!

Die unteren Abschnitte der Lunge werden stärker ventiliert als die oberen.

Der Ventilationsunterschied ist jedoch schwächer ausgeprägt als der Perfusionsunterschied.

1 Atmung

Diese Unterschiede lassen sich im – gerne schriftlich abgefragten – Verhältnis von alveolärer Ventilation ($\dot{V}_a$) zur Perfusion (Q) darstellen: $\dot{V}_a / \dot{Q}$

- in den oberen Lungenabschnitten ist das $\dot{V}_a/\dot{Q}$ höher. Sie sind somit besser belüftet als perfundiert,
- in den unteren Lungenabschnitten ist das $\dot{V}_a/\dot{Q}$ niedriger. Sie sind somit stärker perfundiert als belüftet.

Unter Kapitel 1.5, S. 27 wurde die für die Lunge spezifische pulmonale hypoxische Vasokonstriktion (Euler-Liljestrand-Effekt) ja schon besprochen. Durch diesen Effekt wird die Perfusion von hypoventilierten Lungenabschnitten gedrosselt und dadurch werden die Unterschiede im $\dot{V}_a/\dot{Q}$-Quotienten der Lunge vermindert.

Übrigens …
Ein $\dot{V}_a/\dot{Q}$-**Quotient von 0** kommt bei einem Rechts-Links-Shunt vor, bei dem Blut aus dem rechten – unter Umgehung der Lunge – direkt in den linken Teil des Herzens strömt. Ein $\dot{V}_a/\dot{Q}$-**Quotient von ∞** (unendlich) liegt dagegen bei einem **alveolärem Totraum** vor, bei dem die Perfusion gegen Null tendiert.

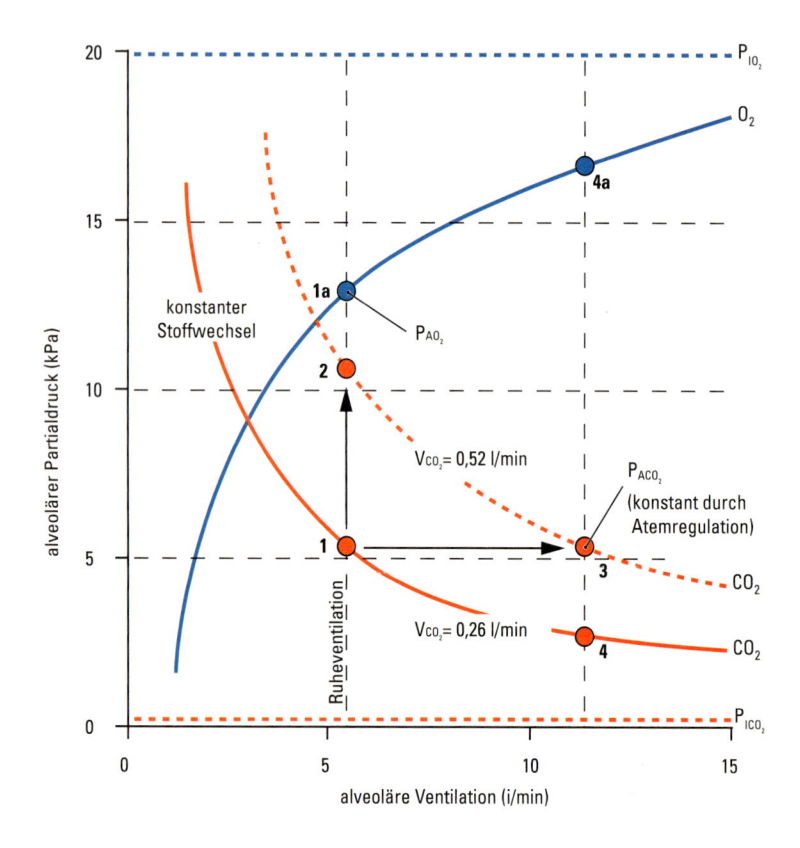

P_{IO_2} = Sauerstoffpartialdruck der Inspirationsluft
P_{ICO_2} = Kohlendioxidpartialdruck der Inspirationsluft
$\dot{V}_{CO_2}$ = alveoläre Ventilation für Kohlendioxid
P_{ACO_2} = alveolärer Partialdruck Kohlendioxid
P_{AO_2} = alveolärer Partialdruck Sauerstoff

Abb. 15: Zusammenhang alveoläre Ventilation und Partialdrücke

medi-learn.de/6-physio4-15

DAS BRINGT PUNKTE

Zur **Lungenperfusion** solltest du dir merken, dass
- es bei Hypoventilation zu einer hypoxisch pulmonalen Vasokonstriktion kommt,
- die pulmonale hypoxische Vasokonstriktion eine Besonderheit der Lunge ist,
- zur Lungenbasis hin die Lungenperfusion zunimmt,
- die hypoxische pulmonale Vasokonstriktion zu einer Erhöhung des pulmonalen vaskulären Widerstands führt und
- der Quotient aus Gesamtventilation zu Gesamtperfusion der Lunge eines Gesunden in Ruhe 0,7 beträgt.

Zur **Sauerstoffaufnahme** und **Kohlendioxidabgabe** solltest du dir merken, dass
- ein Erwachsener in Ruhe pro Minute etwa 310 ml Sauerstoff ins Blut aufnimmt,
- die maximale Sauerstoffaufnahme eines untrainierten Mannes auf 3000 ml/min ansteigen kann,
- das Herzzeitvolumen der begrenzende Faktor für die maximale O_2-Aufnahme ist,
- bei körperlicher Arbeit das Herzzeitvolumen weniger stark ansteigt als der O_2-Verbrauch und
- das Atemzeitvolumen auf das 10-fache des Ruhewertes ansteigen kann.

Auch der **respiratorische Quotient** wird gern im schriftlichen Physikum gefragt. Dazu solltest du wissen, dass
- die Formel
  $RQ = (C_{vCO_2} - C_{aCO_2} / C_{aO_2} - C_{vO_2})$
  lautet und
- der Sauerstoffverbrauch im steady state errechnet werden kann aus F_{IO_2}, F_{EO_2} und dem AZV.

Aus dem Kapitel alveoläre **Ventilation** und Totraum solltest du dir merken, dass
- das Totraumvolumen 2 ml pro kg KG und etwa 150 ml pro Atemzug beträgt,
- bei steigender Atemfrequenz und gleich bleibendem Atemzeitvolumen sich die Totraumventilation und der alveoläre CO_2-Partialdruck erhöhen,
- das Totraumvolumen mit der Totraumformel von Bohr errechnet werden kann:
  $VD = VT(F_{ACO_2} - F_{ECO_2})/F_{ACO_2}$,
- das Totraumvolumen rund 150 ml beträgt. Beispielrechnung: 300 ml AZV, 30/min AF, woraus sich eine alveoläre Ventilation von 150 ml · 30 = 4500 ml/min ergibt und
- bei steigender alveolärer Ventilation der alveoläre CO_2-Partialdruck entsprechend dieses Graphen abfällt:

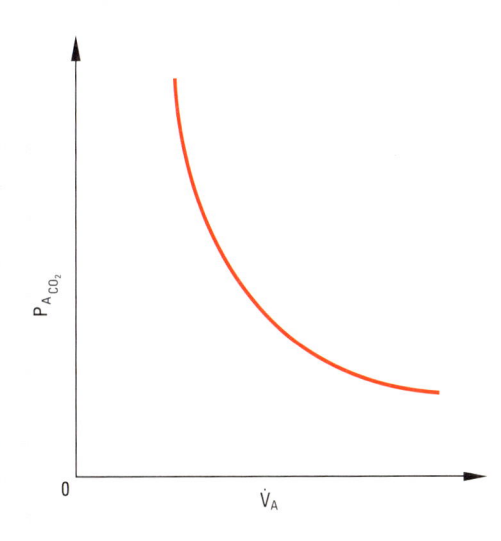

Abb. 16: Zusammenhang alveoläre Ventilation und alveolärer CO_2-Partialdruck

medi-learn.de/6-physio4-16

Zu den Themen Ventilation, Stoffwechsel und Perfusion solltest du wissen, dass
- bei einer Verdopplung der alveolären Ventilation und der CO_2-Produktion der Partialdruck von CO_2 konstant bleibt,

DAS BRINGT PUNKTE

- bei zunehmender Atmung der alveoläre P_{CO_2} abnimmt, wenn die CO_2-Produktion unverändert bleibt,
- eine Hypoventilation unter Normalluftbedingungen vorliegt, wenn der arterielle CO_2-Partialdruck erhöht ist,
- es bei einer Hyperventilation zu einem Abfall des alveolären P_{CO_2} kommt,
- ein hohes Ventilations-Perfusions-Verhältnis zu einer Zunahme des alveolären Partialdrucks von Sauerstoff und einer Abnahme des Partialdrucks von Kohlendioxid führt und
- es bei sehr starker körperlicher Arbeit zu einer verstärkten Sauerstoffausschöpfung kommt, trotz verstärkter Ventilation (s. Abb. 17 mit $\dot{V}_A$ = alveoläre Ventilation und $\dot{V}_{O_2}$ = Sauerstoffverbrauch).

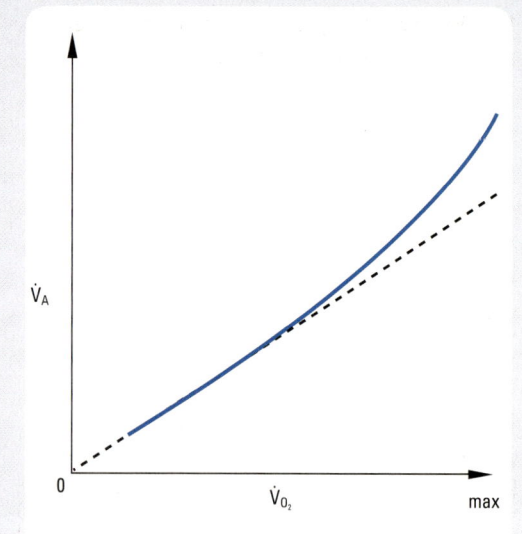

Abb. 17: Zusammenhang alveoläre Ventilation und Sauerstoffverbrauch bei sehr starker körperlicher Arbeit

medi-learn.de/6-physio4-17

FÜRS MÜNDLICHE

Hier kommen die Fragen zu den Themen Perfusion und Ventilation, mit denen du dein Wissen überprüfen kannst:

1. Ist die Durchblutung der Lunge an allen Stellen gleich? Was wissen Sie darüber?

2. Sagen Sie, kann die Durchblutung der Lunge durch körpereigene Faktoren reguliert werden?

3. Was denken Sie, warum sollte so ein Effekt wie der Euler-Liljestrand-Effekt Sinn machen?

4. Was sagt der respiratorische Quotient aus?

5. Steady state! Erläutern Sie bitte diesen Begriff!

6. Was verstehen Sie unter dem Begriff Totraumvolumen in der Physiologie der Atmung?

7. Welche Unterschiede zwischen dem Totraumvolumen und dem Residualvolumen kennen Sie?

8. Was verstehen Sie unter alveolärer Ventilation?

9. Wie definieren Sie die Begriffe Hyper- und Hypoventilation?

10. Erläutern Sie die Atemfrequenz die alveoläre Ventilation und somit die alveolären Partialdrücke!

FÜRS MÜNDLICHE

11. Welche Aussagen können Sie dem Ventilations-/Perfusionsverhältnis entnehmen?

1. Ist die Durchblutung der Lunge an allen Stellen gleich? Was wissen Sie darüber?
Nein! Durch die Schwerkraft, die auf die Blutdrucksäule der A. pulmonalis wirkt, können in der Lunge unterschiedliche Bereiche der Durchblutung unterschieden werden. Bei einem stehenden Menschen befindet sich die erste von drei Zonen ganz oben an der Lungenspitze. Hier ist der Druck im Alveolarraum größer als der in den Lungenkapillaren. Dadurch werden diese Gefäße komprimiert und der obere Teil der Lunge nur sehr gering perfundiert. Im mittleren Drittel steigt der Druck in der A. pulmonalis an, wodurch die Perfusion zunimmt. Im unteren Drittel der Lunge ist der Druck in der A. pulmonalis größer als im Alveolarraum. Daher wird die Lungenbasis gut perfundiert.

2. Sagen Sie, kann die Durchblutung der Lunge durch körpereigene Faktoren reguliert werden?
Ja, und zwar sowohl aktiv als auch passiv:
– Aktiv durch die für die Lunge charakteristische pulmonale hypoxische Vasokonstriktion, die als Euler-Liljestrand-Effekt bezeichnet wird und Folgendes bedeutet: Wird ein Bereich der Lunge schlechter ventiliert, so kontrahieren sich dort die kleinen Arterien mit einem Durchmesser von 200–400 μm und die Durchblutung nimmt ab.
– Aktiv ebenfalls durch den potenten Vasodilatator des Endothels – das NO.
– Passiv erfolgt eine Herabsetzung des Strömungswiderstands durch Erweiterung bereits durchströmter Gefäße und die Rekrutierung neuer, noch nicht perfundierter Gefäße.

3. Was denken Sie, warum sollte so ein Effekt wie der Euler-Liljestrand-Effekt Sinn machen?
Solch ein Effekt macht Sinn, weil durch seine Wirkung nur Lungenbereiche perfundiert werden, die auch ventiliert werden. Damit fördert der Euler-Liljestrand-Effekt die Anreicherung des Blutes mit Sauerstoff.

4. Was sagt der respiratorische Quotient aus?
Der RQ ist das Verhältnis von CO_2-Abgabe zu O_2-Aufnahme und sagt etwas über die Stoffwechselaktivität des Körpers aus. Grundvoraussetzung dafür ist, dass der Körper sich im steady state – also in der Gleichgewichtslage – befindet.

5. Steady state! Erläutern Sie bitte diesen Begriff!
Der steady state ist ein Zustand, bei dem einerseits der Sauerstoffverbrauch und die Kohlendioxidproduktion des Stoffwechsels und andererseits die Sauerstoffaufnahme und Kohlendioxidabgabe über die Lunge identisch sind. Nur wenn diese Bedingung erfüllt ist, kann von den respiratorischen Parametern auf die Stoffwechselaktivität geschlossen werden.

6. Was verstehen Sie unter dem Begriff Totraumvolumen in der Physiologie der Atmung?
Das Totraumvolumen ist ein Anteil des Atemwegvolumens, der nicht am Gasaustausch teilnimmt. Dabei handelt es sich um die luftleitenden Abschnitte der Atemwege und der Lunge sowie alveoläre Bereiche, die nicht am Gasaustausch teilnehmen, z. B. bei einer Embolie der A. pulmonalis. Bei einem Erwachsenen kann das Totraumvolumen mit etwa 150 ml angegeben werden.

FÜRS MÜNDLICHE

7. Welche Unterschiede zwischen dem Totraumvolumen und dem Residualvolumen kennen Sie?
Das Residualvolumen mit etwa 1500 ml ist ein Lungenvolumen, das nicht mobilisierbar ist, d. h. es kann nicht aktiv ausgeatmet werden. Das Residualvolumen nimmt – im Gegensatz zum Totraumvolumen – an der Diffusion der Atemgase teil.

8. Was verstehen Sie unter alveolärer Ventilation?
Die alveoläre Ventilation ist jener Volumenanteil des Atemzugvolumens, der den Alveolarraum erreicht, nachdem das Totraumvolumen abgezogen wurde. Die alveoläre Ventilation bestimmt den Gasaustausch.

9. Wie definieren Sie die Begriffe Hyper- und Hypoventilation?
- Eine Hyperventilation liegt vor, wenn es durch einen Anstieg der alveolären Ventilation zu einem Abfall des CO_2-Partialdrucks unter den Normalwert von 5,3 kPa kommt.
- Eine Hypoventilation ist durch einen Anstieg des CO_2-Partialdrucks über 5,3 kPa definiert.

10. Erläutern Sie die Atemfrequenz die alveoläre Ventilation und somit die alveolären Partialdrücke!
Die Atemfrequenz hat großen Einfluss auf die alveoläre Ventilation und die Partialdrücke der Atemgase in der Lunge und im Blut. Die Zusammenhänge lassen sich in hyperbolen Graphen darstellen: Der CO_2-Partialdruck in den Alveolen halbiert sich, wenn es zu einer Verdopplung der Ventilation kommt. Vorausgesetzt, der Stoffwechsel des Patienten bleibt konstant.

11. Welche Aussagen können Sie dem Ventilations-/Perfusionsverhältnis entnehmen?
Neben Perfusionsunterschieden treten auch Unterschiede bei der alveolären Ventilation auf: In den oberen Lungenabschnitten ist eine geringere Ventilation vorhanden als in den unteren. Vergleicht man den Ventilations- und Perfusionsindex der oberen mit dem der unteren Lungenabschnitte, so gilt:
- obere Lungenabschnitte sind besser ventiliert als perfundiert – $\dot{V}_a/\dot{Q}$ ist hoch,
- untere Lungenabschnitte sind besser perfundiert als ventiliert – $\dot{V}_a/\dot{Q}$ ist niedriger.

Pause

Blutdruck noch ok?
Eine Pause kann sicher nicht schaden ...

1.7 Diffusion durch die Alveolarmembran

Die **Kontaktzeit** des Blutes in den Lungenkapillaren, in denen der Gasaustausch stattfinden kann, beträgt etwa **0,5 sec**. In dieser Zeit muss der vollständige Ausgleich der Partialdrücke zwischen Blut und Alveole erfolgen. Um dies zu schaffen, sind sowohl große Austauschflächen als auch eine sehr geringe Diffusionsstrecke notwendig:
Die **Austauschfläche der Lunge** ist mit **50–100 m²** so groß wie ein halber Tennisplatz. Die sehr geringe Diffusionsstrecke wird durch die sehr dünne Alveolarmembran gewährleistet. Sie ist aufgebaut aus
– dem Alveolarepithel,
– dem Interstitium und
– dem Kapillarendothel und
besitzt eine Dicke von **0,2 bis 1 µm**.

Übrigens ...
Da die Atemgase während ihrer Diffusion nicht nur die Alveolarmembran, sondern auch eine kurze Blutstrecke, die Membran des Erythrozyten und ebenfalls noch im Erythrozyten einige Membranen überwinden müssen, wird diese Gesamtstrecke meist unter dem Begriff Alveolarmembran subsummiert.

Damit die Atemgase durch die Alveolarmembran diffundieren können, sind Partialdruckunterschiede als treibende Kräfte notwendig.

Merke!
Die treibende Diffusionskraft ist der Partialdruckunterschied zwischen dem Alveolarraum und dem venösen Blut der Lungenkapillaren.

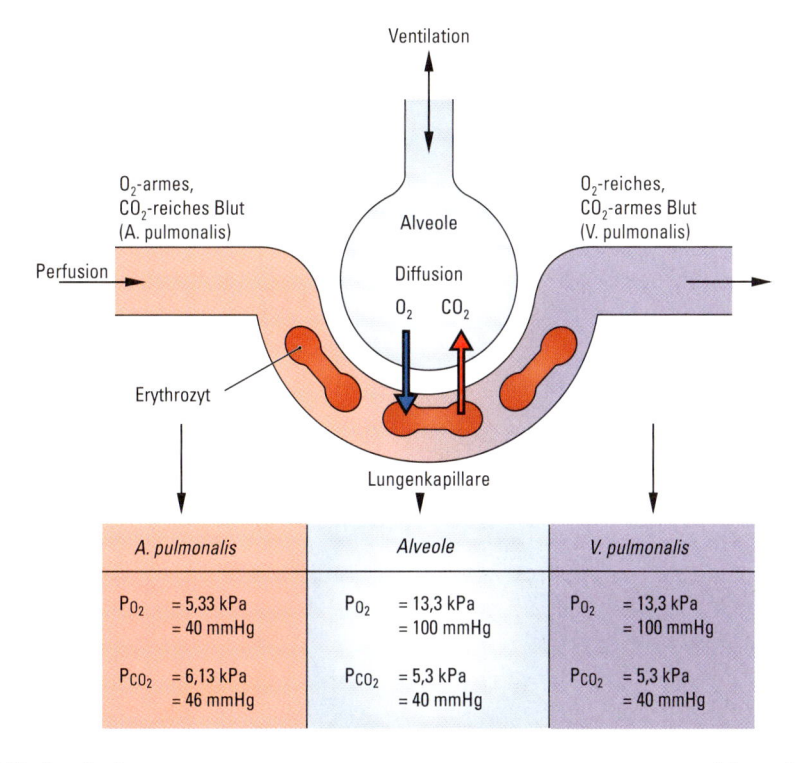

A. pulmonalis	Alveole	V. pulmonalis
P_{O_2} = 5,33 kPa = 40 mmHg	P_{O_2} = 13,3 kPa = 100 mmHg	P_{O_2} = 13,3 kPa = 100 mmHg
P_{CO_2} = 6,13 kPa = 46 mmHg	P_{CO_2} = 5,3 kPa = 40 mmHg	P_{CO_2} = 5,3 kPa = 40 mmHg

Abb. 18: Diffusion der Atemgase *medi-learn.de/6-physio4-18*

1 Atmung

> **Übrigens ...**
> Bei Beatmung mit **reinem Sauerstoff** steigt der alveoläre P_{O_2} auf etwa 90 kPa (= 670 mmHg), wodurch eine sehr hohe treibende Diffusionskraft erzeugt werden kann.

Hier ein kurzer Überblick über die Partialdrücke der Atemgase:

	Lungenarterie (venöses Blut)	Alveole/Lungenvene (arterielles Blut)
P_{O_2}	40 mmHg/5,33 kPa	100 mmHg/13,3 kPa
P_{CO_2}	46 mmHg/6,13 kPa	40 mmHg/5,3 kPa

Tab. 4: Partialdrücke der Atemgase

Unter sonst gleichen Bedingungen verläuft die CO_2-Diffusion rund 20-mal schneller als die von O_2. Deshalb werden für die CO_2-Diffusion geringere Partialdruckunterschiede zwischen Alveole und Blut benötigt.
Erklären lässt sich dies mit dem 20-fach höheren Krough-Diffusionskoeffizienten von CO_2 im Fick-Diffusionsgesetz:

$$M = D \cdot \frac{F}{d} \cdot \Delta C$$

M = Diffusionsstrom
D = Krough-Diffusionskoeffizient
F = Austauschfläche
d = Schichtdicke
ΔC = Konzentrationsdifferenz

1.8 Atemgastransport im Blut

Zwei Prinzipien des Atemgastransports können unterschieden werden:
- die **physikalische Lösung** und
- die **chemische Bindung** von Gasen.

Die physikalische Lösung ist die unerlässliche Voraussetzung für den Austausch, die Diffusion und die chemische Bindung eines Gases. Daher muss jedes Gasmolekül physikalisch gelöst werden, auch wenn es die physikalische Löslichkeit nur vorübergehend nutzt.

> **Merke!**
> Die physikalische Löslichkeit von CO_2 ist 20-mal höher als die von O_2.

1.8.1 Sauerstofftransport im Blut

Die **Gesamtkonzentration** von Sauerstoff, die im Blut transportiert werden kann, entspricht der Sauerstoffkonzentration der Frischluft: 200 ml pro Liter Blut, was **20 ml/dl** Blut entspricht. Sauerstoff wird im Blut sowohl physikalisch gelöst als auch chemisch gebunden transportiert. Da die physikalische Löslichkeit im Blut jedoch sehr gering ist, nämlich nur etwa 1/40 der Gasmenge beträgt, müssen die restlichen Anteile des Sauerstoffs chemisch gebunden sein.

> **Merke!**
> - Bei schwerer körperlicher Arbeit erreicht die arterio-venöse Sauerstoffdifferenz Werte von ungefähr 120 bis 160 ml O_2/l Blut, d. h. es wird fast der gesamte O_2 aufgenommen.
> - In Ruhe beträgt der O_2-Gehalt in den Aa. pulmonales eines gesunden Erwachsenen etwa 150 ml/l Blut.
> - Die **Sauerstoffkapazität** ist der Maximalwert des chemisch gebundenen Sauerstoffs im Blut.

Für die **chemische Bindung** von Sauerstoff im Blut steht das in den Erythrozyten vorkommende **Hämoglobin** bereit. Das tetramere Hämoglobin besteht aus **vier Häm-Molekülen** und dem Globin, das aus **vier** Proteinketten aufgebaut ist. Beim Menschen werden drei Globinarten unterschieden:
- **HbA$_1$** kommt bei Erwachsenen zu **98 %** vor und besteht aus **zwei** α- und **zwei** β-Globinuntereinheiten,
- **HbA$_2$** kommt bei Erwachsenen zu **2 %** vor und besteht aus **zwei** α- und **zwei** δ-Globinuntereinheiten und

1.8.2 Sauerstoffbindungskurve

- **HbF** ist das **fetale Hämoglobin**, das eine **höhere Sauerstoffbindungsaffinität** besitzt, 2,3-Bisphosphoglycerat schwächer bindet und aus **zwei α-** und **zwei γ-Globinuntereinheiten** besteht.

Alle Häm-Moleküle besitzen ein zentrales zweiwertiges Eisen-Ion (Fe^{2+}), an das sich der Sauerstoff anlagern kann. So entsteht aus Hämoglobin das Oxyhämoglobin HbO_2.

Oxygeniertes Hb (HbO_2) sieht hellrot aus, desoxygeniertes Hb bläulich-dunkelrot. Steigt die Konzentration von desoxygenierten Hb auf über 50 g/l (= 5 g/dl) an, so färben sich daher die Haut und die Schleimhäute blau, was in der Klinik als Zyanose bezeichnet wird.

Jetzt folgt noch eine Zahl – aber nur für die mündliche Prüfung: Mit der Hüfner-Zahl von ca. 1,34 ml O_2 pro Gramm Hämoglobin kann die O_2-Kapazität des Blutes aus der Hämoglobinkonzentration (~ 150 g/l) berechnet werden. Die Sauerstoffbindung am Hämoglobin erfolgt als **Oxygenierung** an das Fe^{2+}-Ion, nicht als Oxidation.

1.8.2 Sauerstoffbindungskurve

Die Sauerstoffbindungskurve ist ein sehr beliebtes Prüfungsthema im Physikum. Um Aussagen über die Eigenschaften der verschiedenen Hämoglobine und des Myoglobins machen zu können, wird die **O_2-Sättigung** betrachtet.

> **Merke!**
>
> Die O_2-Sättigung des Hämoglobins ist der Anteil oxygenierten Hämoglobins am Gesamthämoglobin und wird in % angegeben.

In Abb. 20, S. 40 sind die **Sauerstoffbindungskurven** von Hämoglobin und Myoglobin dargestellt. Hämoglobin ist der Sauerstofftransporter der Erythrozyten und Myoglobin der Sauerstoffspeicher der Muskelzellen. Sauerstoffbindungskurven zeigen die Abhängigkeit der Sauerstoffsättigung vom jeweiligen Sauerstoffpartialdruck. Man kann daher an ih-

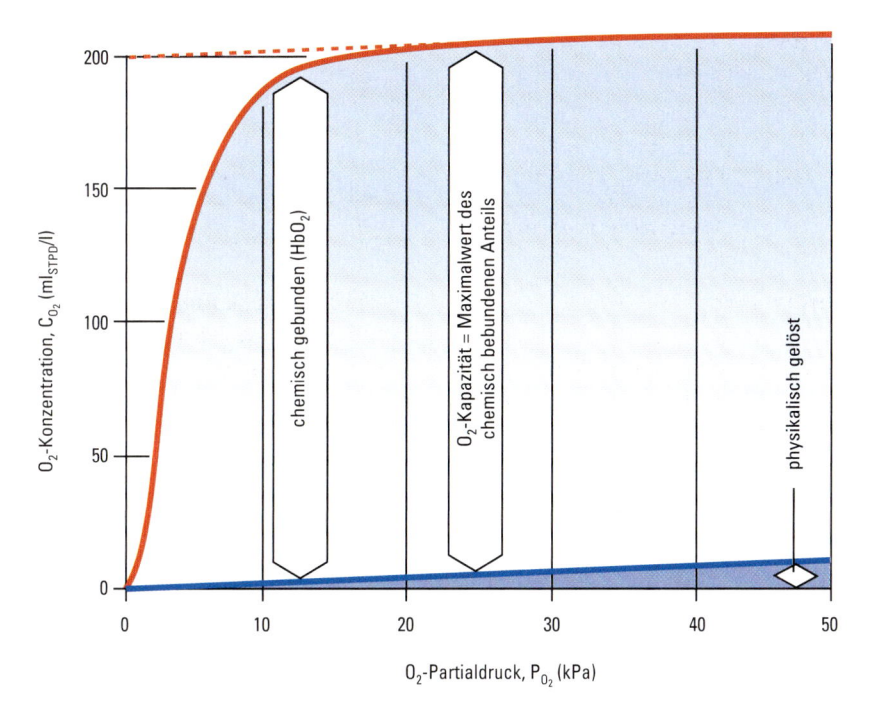

Abb. 19: Sauerstoffkapazität

medi-learn.de/6-physio4-19

1 Atmung

nen ablesen, wie stark der P_{O_2} verändert werden muss, um eine bestimmte Änderung der O_2-Sättigung zu erzielen. Aus einer Sauerstoffsättigungskurve kann natürlich auch der **Halbsättigungsdruck** abgelesen werden. Dies ist der Partialdruck von Sauerstoff (P_{O_2}), bei dem 50 % der Hämoglobine mit Sauerstoff gesättigt sind (= 3,6 kPa).

Sollen die beiden Kurven z. B. im Mündlichen beschrieben werden, kann man sagen, dass die Sauerstoffsättigungskurve des **Hämoglobins** einen S-förmigen Verlauf und die des Myoglobins einen eher hyperbolen Verlauf hat. Die Ursachen liegen im unterschiedlichen Aufbau der Moleküle: Im tetrameren Hämoglobin üben die vier Untereinheiten **kooperative Wechselwirkungen** aufeinander aus. Die Bindung des ersten Sauerstoffmoleküls ist erschwert. Ist erst einmal ein Sauerstoffmolekül am Häm-Eisen gebunden, so wird die Bindung weiterer Sauerstoffmoleküle immer leichter. Das Myoglobin dagegen ist ein Monomer. Deshalb beeinflussen hier KEINE Wechselwirkungen von Untereinheiten die Sauerstoffbindung.

> **Merke!**
>
> Bei normalem alveolären Sauerstoffpartialdruck (P_{O_2} = 13,3 kPa) beträgt die Sauerstoffsättigung schon 98 %.

Im flachen Bereich der Sauerstoffbindungskurve – bei einem Sauerstoffpartialdruck über 8 kPa (Bereich des normalen alveolären P_{O_2}) – ist die Sauerstoffsättigung relativ konstant und ändert sich auch bei Einatmung von reinem Sauerstoff nur wenig.

Die Sauerstoffbindungskurven lassen sich durch eine Änderung der Temperatur, des pH-Werts oder der Konzentration von CO_2 und 2,3-Bisphosphoglycerat (2,3-BPG) ändern.

Eine Verschiebung der Sauerstoffbindungskurve findet sich vor allem im **mittleren Bereich der Sauerstoffpartialdrücke.**

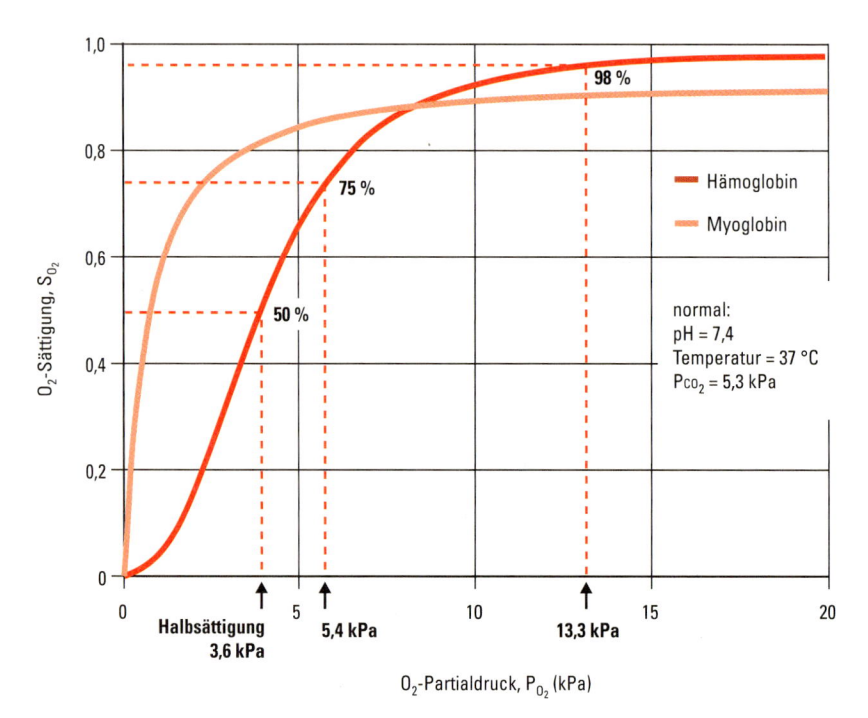

Abb. 20: Sauerstoffbindungskurven von Hämoglobin und Myoglobin   *medi-learn.de/6-physio4-20*

1.8.2 Sauerstoffbindungskurve

Eine **Rechtsverschiebung** bedeutet eine Affinitätsabnahme des Hämoglobins in Bezug auf die Sauerstoffbindung. D. h., es werden höhere Partialdrücke an Sauerstoff benötigt, um die gleiche Sauerstoffsättigung zu erreichen. Faktoren, die zu einer Rechtsverschiebung führen, sind:
- Zunahme der H^+-Konzentration, wodurch der pH-Wert sinkt und das Blut saurer wird,
- Zunahme der CO_2-Konzentration,
- Zunahme der Temperatur und
- Zunahme der Konzentration von 2,3-Bisphosphoglycerat (2,3-BPG).

Eine **Linksverschiebung** bedeutet eine **Affinitätszunahme** des Hämoglobins gegenüber Sauerstoff. D. h., es ist für die gleiche Sättigung ein geringerer Sauerstoffpartialdruck notwendig. Oder andersherum betrachtet: Bei gleichem Sauerstoffpartialdruck ist die Sauerstoffsättigung des Hämoglobins höher. Faktoren, die zu einer Linksverschiebung führen, sind:
- Abnahme der H^+-Konzentration, wodurch der pH-Wert steigt und das Blut basischer wird,
- Abnahme der CO_2-Konzentration,
- Abnahme der Temperatur und
- Abnahme der Konzentration von 2,3-Bisphosphoglycerat.

> **Merke!**
> - 2,3-Bisphosphoglycerat bewirkt eine Platzierung der Sauerstoffbindungskurve in den Bereich des physiologischen P_{O_2}. Eine Konzentrationserhöhung von 2,3-BPG verschiebt die Kurve nach rechts.
> - Eine Rechtsverschiebung durch Erhöhung der H^+-Konzentration (abnehmender pH-Wert) und der CO_2-Konzentration wird **Bohr-Effekt** genannt und findet vor allem im Gewebe statt.
> - Eine **Rechtsverschiebung** begünstigt die Sauerstoffabgabe in das Gewebe.
> - Eine **Linksverschiebung** begünstigt die Sauerstoffaufnahme in der Lunge.

Im schriftlichen Physikum wird gern nach der Sauerstoffsättigung und den Sauerstoffpartialdrücken an verschiedenen Stellen des Körpers gefragt. Deshalb hier ein kurzer Überblick:
- In körperlicher Ruhe beträgt die Sauer-

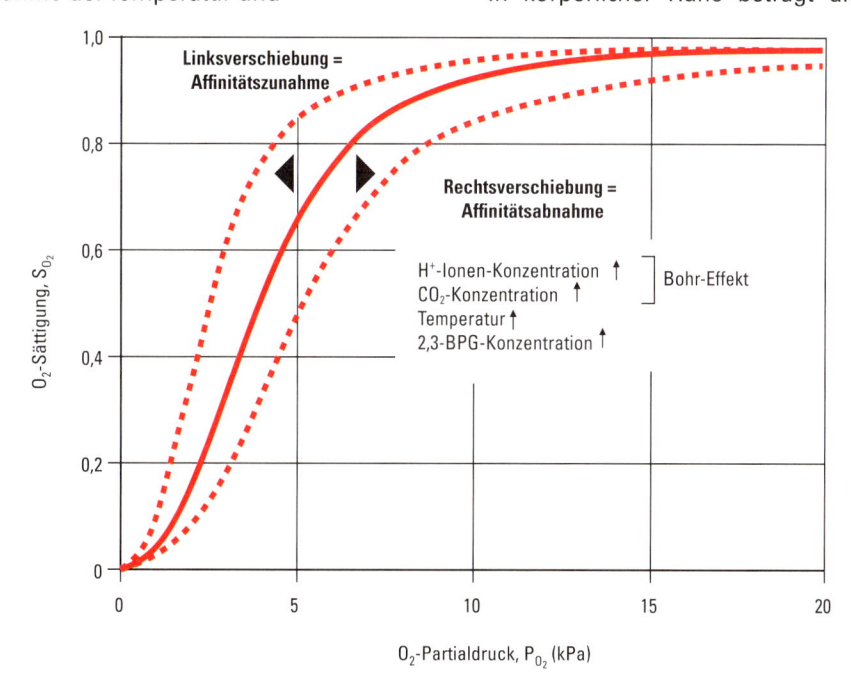

Abb. 21: Rechts- und Linksverschiebung der Sauerstoffbindungskurve

stoffsättigung im **arteriellen System 97 %** und im **gemischt-venösen Blut etwa 75 %**.
- Die Sauerstoffsättigung in der **V. pulmonalis beträgt etwa 98 %**.
- In der A. femoralis beträgt der Sauerstoffpartialdruck etwa **90 mmHg (etwa 12 kPa)**.
- Bei Beatmung mit reinem Sauerstoff steigt der alveoläre Partialdruck auf etwa 90 kPa (670 mmHg) an.

1.8.3 Inaktive Hämoglobine

Zwei Formen der Inaktivierung von Hämoglobin sind fürs Physikum wichtig:
- **Kohlenstoffmonoxid (CO)** bindet reversibel etwa 300-fach stärker als Sauerstoff an das zweiwertige Hämeisen und blockiert dieses dadurch für den Sauerstofftransport.
- **Methämoglobin (MetHb)** entsteht, wenn das zweiwertige Hämeisen (Fe^{2+}) zum dreiwertigen Hämeisen (Fe^{3+}) oxidiert wird. Mögliche Ursachen sind Gifte (z. B. Nitrate im Trinkwasser), manche Medikamente (z. B. Nitroglycerin und einige Lokalanästhetika) und vor allem Zigarettenrauch. An Methämoglobin kann Sauerstoff nicht mehr reversibel binden und es zeigt sich eine Verminderung der O_2-Sättigung des Hämoglobins. Klinisch zeigt sich eine schokoladenbraune Färbung des Blutes nach einer Blutentnahme.

> **Merke!**
> Kohlenstoffmonoxid und Methämoglobin bewirken eine Reduktion der maximalen Sauerstoff-Sättigung ($S_{O_2 max}$).

1.8.4 Kohlendioxidtransport im Blut

Der Kohlendioxidtransport im Blut ist eng mit dem Säure-Basen-Haushalt verknüpft, da der CO_2-Bikarbonatpuffer (s. 2.2, S. 58) eines der wichtigsten Puffersysteme des Menschen darstellt. Das Kohlendioxid kommt im Blut sowohl physikalisch gelöst als auch chemisch gebunden vor. Mit einer Konzentration von insgesamt etwa 50 ml/dl im arteriellen Blut wird ein wesentlich größeres Volumen an Kohlendioxid transportiert als an Sauerstoff.

Die reversible chemische Bindung von CO_2 erfolgt
- als **Bikarbonat** in Erythrozyten und im Blutplasma nach der Löslichkeitsgleichung $CO_2 + H_2O \leftrightarrows H^+ + HCO_3^-$ und
- zu einem kleinen Teil als **Carbamat** an freie Aminogruppen der Proteine gebunden: $CO_2 + R-NH_2 \leftrightarrows H^+ + R-NH-COO^-$

Dabei ist die Pufferung der H^+-Ionen über die Histidinseitenketten des Hämoglobins notwendig, um mehr CO_2 chemisch binden zu können (s. 2.2, S. 58).

1.8.5 Kohlendioxidbindungskurve

Wie für Sauerstoff existiert auch für Kohlendioxid eine Bindungskurve, die den Zusammenhang zwischen dem Partialdruck von Kohlendioxid und der Kohlendioxid-Konzentration angibt. Die gesamte Kohlendioxid-Konzentration setzt sich aus dem als Bikarbonat oder Carbamat chemisch gebundenen und dem physikalisch gelösten Kohlendioxid zusammen. In Abb. 22, S. 43 ist die Kohlendioxidbindungskurve dargestellt. Sie verläuft in den Bereichen des jeweiligen arteriellen und gemischtvenösen Partialdrucks steiler, besitzt KEIN Plateau und somit KEINEN Sättigungswert.

> **Merke!**
> Die Kohlendioxidbindungskurve besitzt keine Sättigung des chemisch gebundenen Anteils von CO_2. Daher gibt es keine „CO_2-Kapazität" des Blutes.

Die CO_2-Bindungskurve kann durch bestimmte Einflüsse sowohl nach rechts als auch nach links verschoben werden:
- **Rechtsverschiebung** bedeutet eine Affinitätsabnahme und erfolgt durch Erniedrigung des pH-Werts und/oder Erhöhung der Temperatur.

1.8.5 Kohlendioxidbindungskurve

- **Linksverschiebung** bedeutet eine Affinitätszunahme und erfolgt durch Erhöhung des pH-Werts und/oder Abnahme der Temperatur.

Der **Sauerstoffpartialdruck** hat ebenfalls Einfluss auf die Bindung von Kohlendioxid im Blut. Im oxygenierten Blut (hoher P_{O_2}) ist bedeutend weniger CO_2 gebunden als im desoxygenierten. Dieser sogenannte Haldane-Effekt beruht auf allosterischen Wechselwirkungen der H^+- und O_2-Bindung am Hämoglobin und tritt vor allem in der Lunge auf.

Merke!

- Der Effekt des P_{O_2} auf die Kohlendioxidkonzentration im Blut wird **Haldane-Effekt** genannt.
- Bei gleichem CO_2-Partialdruck ist die Gesamtkonzentration des CO_2 im desoxygenierten Blut höher als im oxygenierten.

Da zum Bohr- und Haldane-Effekt im Physikum sehr viele Fragen gestellt werden, hier noch einmal eine Zusammenfassung:
- Bohr- und Haldane-Effekt beruhen auf **allosterischen Wechselwirkungen** der O_2^- und H^+-Bindung untereinander am Hämoglobin.
- Der Bohr-Effekt ist der Effekt von CO_2 auf O_2, wirkt vor allem im Gewebe und setzt Sauerstoff frei.
- Der Haldane-Effekt ist der Effekt von O_2 auf die Bindung von H^+ und CO_2 am Globin, wirkt in der Lunge und setzt Kohlendioxid frei.

Übrigens ...

Eine Säure ist nach Brönstedt definiert als ein H^+-Donator (kann Protonen abgeben). Nach dieser Definition ist **Hämoglobin** in der **desoxygenierten Form eine schwächere Säure** (Bohr-Effekt und die H^+ binden stärker am Hb und bewirken eine O_2-Freisetzung) und in der **oxygenierten Form eine stärkere Säure**

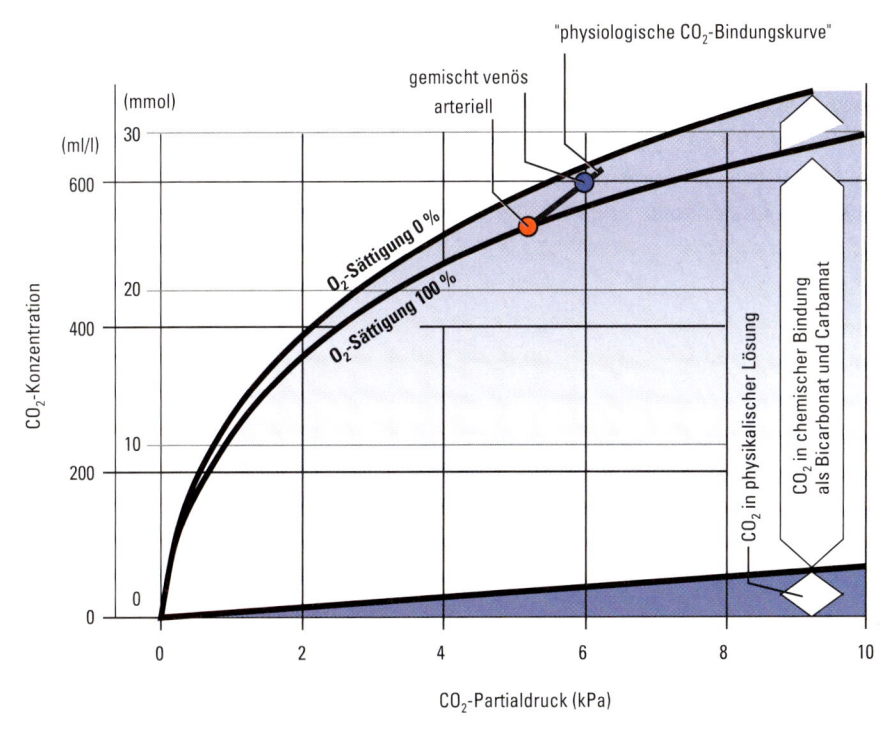

Abb. 22: Kohlendioxidbindungskurve   medi-learn.de/6-physio4-22

1 Atmung

(bei hohem P_{O_2} in oxygenierter Form wirkt der Haldane-Effekt und es wird leichter H^+ freigesetzt, das mit Bikarbonat dann CO_2 bildet).

1.8.6 Wechselwirkung zwischen O_2- und CO_2-Bindung beim Atemgastransport im Blut

Durch die Stoffwechselaktivität fällt im Gewebe viel Kohlendioxid an, das durch das Blut abtransportiert werden muss. Hier liegt ein hoher Partialdruckunterschied zwischen dem Gewebe und dem Blut vor, der zu einer raschen Diffusion von CO_2 durch die Endothel- und Erythrozytenwand führt.

In den Erythrozyten – aber auch im Blutplasma – reagiert CO_2 mit Wasser entsprechend der Formel
$$CO_2 + H_2O \leftrightarrows H^+ + HCO_3^-$$
Dabei entstehen gleiche Mengen an **Protonen** (H^+/Wasserstoffionen) und **Bikarbonat**. Diese Reaktion wird durch das im schriftlichen Physikum sehr gefragte Enzym **Carboanhydrase** katalysiert. Hier wird eine

- **schnell arbeitende Carboanhydrase in den Erythrozyten** und eine
- **langsam arbeitende Carboanhydrase in der Endothelwand**

unterschieden. Durch die schnelle Carboanhydrase läuft die Reaktion von CO_2 mit Wasser in den Erythrozyten mit höherer Geschwindigkeit ab.

Daneben gibt es noch einen weiteren Grund für die Reaktion von CO_2 mit Wasser in den Erythrozyten: In den Erythrozyten können die entstehenden H^+-Ionen besser abgepuffert werden, da hier in Form von **Hämoglobin ein sehr wirkungsvoller Nichtbikarbonatpuffer** vorhanden ist (s. 2.2, S. 58).

> **Merke!**
>
> - Die Carboanhydrase beschleunigt die Dissoziation von CO_2.
> - In den Erythrozyten wird durch die schnellere Carboanhydrase und den wirkungsvolleren Puffer mehr HCO_3^- (=Bikarbonat) gebildet als im Blutplasma.

Durch diese Mechanismen steigt die Konzentration von HCO_3^- in den Erythrozyten an. Dadurch entsteht ein Konzentrationsunterschied

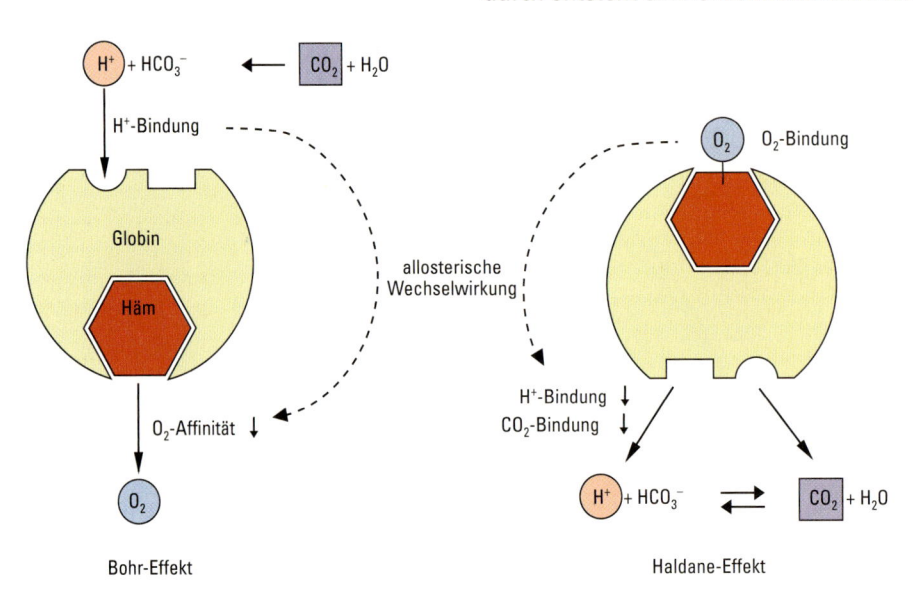

Abb. 23: Bohr- und Haldane-Effekt

1.8.6 Wechselwirkung zwischen O_2- und CO_2-Bindung beim Atemgastransport im Blut

zwischen Blutplasma und Erythrozyten, der ein **elektroneutrales carriervermitteltes Austauschsystem** antreibt, das HCO_3^- im Austausch mit Cl^- ins Blutplasma ausschleust. Dieser Austausch wird **Hamburger-Shift** genannt (s. Abb. 24, S. 45).

> **Übrigens ...**
> Beim Hamburger-Shift werden die HCO_3^--Ionen deshalb gegen Cl^--Ionen ausgetauscht, weil Cl^--Ionen in hoher Konzentration im Plasma vorliegen und um die Ladungsneutralität dieses Transportes zu wahren: Eine negative Ladung wird so durch eine andere ersetzt.

In Abb. 24, S. 45 ist auch der **Bohr-Effekt** dargestellt. Durch die Bindung von H^+ an Hämoglobin (Pufferung) wird O_2 leichter ins Gewebe abgegeben.
Diese Anpassungsvorgänge vollziehen sich auf dem Weg vom Gewebe in die Lunge und sind abhängig vom jeweiligen P_{CO_2} und P_{O_2}. In der **Lunge** kehren sich die Verhältnisse um, und ein **hoher P_{O_2}** in den Alveolen bewirkt eine Diffusion von Sauerstoff in die Erythrozyten. Sauerstoff bindet sich an das Hämoglobin und bewirkt über den **Haldane-Effekt** eine **leichtere Abgabe** von CO_2 aus der Carbamat-Bindung und von H^+ aus dem Hämoglobinpuffer. H^+ kann nun mit HCO_3^- wieder zu CO_2 umgewandelt werden. Auch diese Rückreaktion wird durch das schnelle erythrozytäre Enzym **Carboanhydrase** katalysiert.
Entsprechend dem Partialdruckunterschied diffundiert CO_2 in die Alveolen und wird abgeatmet.

> **Merke!**
> - Der Hamburger-Shift bezeichnet den elektroneutralen carriervermittelten Transport von HCO_3^- in das Blutplasma im Austausch gegen Cl^-.
> - Je größer der Partialdruck von Kohlendioxid im Gewebe, desto ausgeprägter ist der Hamburger-Shift in den Erythrozyten.
> - In der **Lunge** vermindert sich die HCO_3^--Konzentration in den Erythrozyten, und der **Hamburger-Shift kehrt sich um** (HCO_3^- Einstrom und Cl^--Ausstrom).

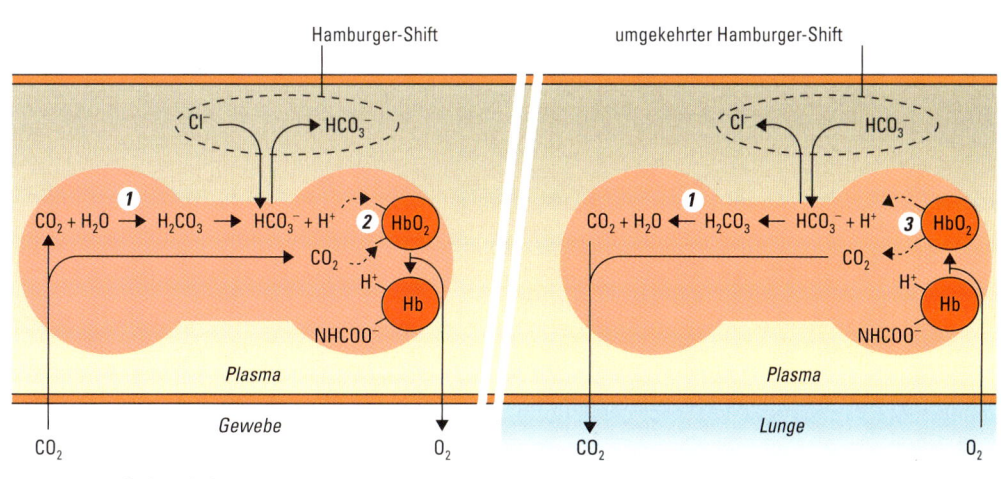

1 = Carboanhydrase
2 = Bohr-Effekt
3 = Haldane-Effekt

Abb. 24: Austauschvorgänge im Blut   *medi-learn.de/6-physio4-24*

DAS BRINGT PUNKTE

Die Normalwerte der Partialdrücke der **Atemgase** wurden bislang in jedem Physikum gefragt. Es lohnt sich daher, diese Werte auswendig zu lernen. Aus dem Themenkomplex der Diffusion der Atemgase solltest du dir außerdem unbedingt merken, dass
- in körperlicher Ruhe der O_2-Partialdruck im Blut der A. pulmonalis ungefähr 5,33 kPa (40 mmHg) beträgt,
- bei Beatmung mit reinem Sauerstoff der alveoläre Partialdruck auf etwa 90 kPa (670 mmHg) ansteigt.

Zum **Sauerstofftransport** solltest du wissen, dass
- die Sauerstoffkapazität der Maximalwert des chemisch gebundenen Sauerstoffs im Blut ist,
- im Bereich zwischen arteriellen und gemischtvenösen Partialdrücken die Gesamtkonzentration des CO_2 höher ist als die des O_2,
- bei sehr großen Sauerstoffpartialdrücken die O_2-Konzentration des Blutes vor allem durch die Hb-Konzentration beeinflusst wird,
- HbF 2,3-Bisphosphoglycerat schwächer bindet als HbA und somit eine höhere Sauerstoffaffinität besitzt,
- die Sauerstoffsättigung in der V. pulmonalis etwa 97 % beträgt,
- in körperlicher Ruhe die Sauerstoffsättigung im arteriellen System 97 % und im gemischtvenösen Blut 75 % beträgt,
- in der A. femoralis der Sauerstoffpartialdruck etwa 90 mmHg (12 kPa) beträgt,
- bei schwerer körperlicher Arbeit die arterio-venöse Sauerstoffdifferenz Werte von ungefähr 120–160 ml O_2/l Blut erreicht und
- die normale Hb-Konzentration im Blut 150 g/l beträgt, sodass ca. 200 ml Sauerstoff pro Liter Blut transportiert werden können.

Zur **Sauerstoffbindungskurve** solltest du dir unbedingt merken, dass
- 2,3-Bisphosphoglycerat eine Rechtsverschiebung der Sauerstoffbindungskurve bewirkt und somit eine Affinitätsabnahme des Hb für Sauerstoff,
- eine Rechtsverschiebung der Bindungskurve des Sauerstoffs durch 2,3-Bisphosphoglycerat, Anstieg des CO_2-Partialdrucks, Temperaturerhöhung und durch ein Absenken des pH-Werts erreicht wird,
- eine Abnahme von 2,3-BPG eine Erhöhung der Sauerstoffsättigung durch eine Linksverschiebung der Sauerstoffbindungskurve bewirkt,
- es zu einer Erhöhung des Halbsättigungsdrucks durch eine Rechtsverschiebung der Sauerstoffbindungskurve infolge des Bohr-Effekts kommt und
- trotz einer Anämie mit einer Hb-Konzentration von 100 g/l (normal sind 150 g/l) und der Einatmung normaler Luft die Sauerstoffsättigung weiterhin fast 100 % beträgt, wobei sich der Sauerstoffgehalt von 200 ml/l auf ca. 130 ml/l reduziert.

Zu den inaktiven **Hämoglobinen** wurde schon öfters gefragt, dass
- sowohl O_2 als auch CO am Häm des Hämoglobins reversibel binden können und
- die Bindung von CO 200- bis 300-mal fester ist als die Sauerstoffbindung.

Beim **Kohlendioxidtransport** sind vielversprechende Punktebringer, dass
- die CO_2-Bindungskurve kein Plateau (Sättigungswert) hat,
- die CO_2-Bindungskurve im Bereich zwischen den jeweiligen arteriellen und gemischtvenösen Partialdrücken steiler verläuft als die O_2-Bindungskurve,

DAS BRINGT PUNKTE

- bei gleichem CO_2-Partialdruck die Gesamtkonzentration des CO_2 im desoxygenierten Blut höher ist als im oxygenierten Blut,
- für den Haldane-Effekt die Konzentrationen von HCO_3^- in den Erythrozyten und im Plasma eine Rolle spielen,
- der Hauptanteil der Konzentration von physikalisch gelöstem und chemisch gebundenem CO_2 das HCO_3^- im Plasma ist,
- Hämoglobin H^+-Ionen puffert, CO_2 über Carbaminobindungen bindet und deshalb in desoxygenierter Form eine schwächere Säure ist als in oxygenierter,
- bei starker Erhöhung des P_{CO_2} mehr CO_2 über die Erythrozyten transportiert werden muss, wodurch ein verstärkter Hamburger-Shift (ladungsneutraler Cl^--Einstrom und HCO_3^--Ausstrom) auftritt,
- Bikarbonat in der Lungenstrombahn aus dem Plasma in die Erythrozyten aufgenommen wird und sich der Hamburger-Shift umkehrt und
- die Carboanhydrase die Dissoziation von CO_2 zu HCO_3^- katalysiert.

FÜRS MÜNDLICHE

Gastransport und Bindungkurven sind ein geliebtes Prüfungsthema. Mit den folgenden Fragen kannst du das Wichtigste noch einmal alleine oder mit deiner Lerngruppe rekapitulieren.

1. Durch welche physikalischen Vorgänge gelangen die Atemgase aus dem Alveolarraum in die Blutbahn?

2. Sagen Sie, warum ist der Partialdruckunterschied von 0,83 kPa für die vollständige Diffusion von CO_2 ausreichend?

3. Krough-Diffusionskoeffizient und Fick-Diffusionsgesetz? Bitte erläutern Sie mir was man darunter versteht.

4. Was können Sie mir zum Atemgastransport im Blut sagen?

5. Was wissen Sie über den Sauerstofftransport?

6. Wie kommt die spezielle Sauerstoffbindungskurve des Hämoglobins zustande und was sagt Ihnen diese Kurve?

7. Bitte erläutern Sie die Begriffe Links- und Rechtsverschiebung im Zusammenhang mit der Sauerstoffbindungskurve!

8. Sagen Sie, durch welche Faktoren kommt es zu einer Verschiebung nach links, durch welche zu einer Verschiebung nach rechts?

9. Wie wird Ihrer Meinung nach Kohlendioxid im Blut transportiert?

10. Welche Vorgänge spielen sich bei der chemischen Bindung von Kohlendioxid in Erythrozyten ab? Nennen Sie diese!

11. Erläutern Sie bitte den Haldane-Effekt!

FÜRS MÜNDLICHE

1. Durch welche physikalischen Vorgänge gelangen die Atemgase aus dem Alveolarraum in die Blutbahn?

Durch die Diffusion können die Atemgase die Alveolarmembran überwinden. Der Antrieb für die Diffusion ist der Partialdruckunterschied zwischen Alveolarraum und dem venösen Blut der Lungenkapillaren.

- Im venösen Blut beträgt der P_{CO_2} 6,13 kPa und der P_{O_2} 5,33 kPa.
- Im Alveolarraum ist die Zusammensetzung ein P_{CO_2} von 5,3 kPa und ein P_{O_2} von 13,3 kPa.

2. Sagen Sie, warum ist der Partialdruckunterschied von 0,83 kPa für die vollständige Diffusion von CO_2 ausreichend?

Kohlendioxid besitzt ein etwa 20-fach höheres Diffusionsvermögen als Sauerstoff, weshalb dieser Partialdruckunterschied ausreichend ist. Dies liegt am 20-fach höheren Krough-Diffusionskoeffizienten im Fick-Diffusionsgesetz.

3. Krough-Diffusionskoeffizient und Fick-Diffusionsgesetz? Bitte erläutern Sie mir was man darunter versteht.

Das Fick-Diffusionsgesetz stellt eine Beziehung her zwischen der Austauschfläche, der Diffusionsstrecke und der Konzentrationsdifferenz. Es besagt, je größer die Fläche, je dünner die Membran, je größer der Krough-Diffusionskoeffizient und je größer der Konzentrationsunterschied sind, desto mehr Gas wird diffundieren. Die gasspezifischen Eigenschaften werden durch den Krough-Diffusionskoeffizienten in dieser Gleichung mit eingebracht.

4. Was können Sie mir zum Atemgastransport im Blut sagen?

Grundlage des Atemgastransports im Blut ist die physikalische Löslichkeit der Gase. Atemgase müssen sich erst im Blutplasma lösen, um dann transportiert zu werden: überwiegend chemisch gebunden und zu einem geringen Teil auch physikalisch gelöst.

5. Was wissen Sie über den Sauerstofftransport?

Sauerstoff wird im Blut an die zweiwertigen Eisenionen des Hämoglobins gebunden. Hierbei handelt es sich NICHT um eine Oxidation, sondern um eine Oxygenierung. Zum Sauerstofftransport stehen verschiedene Hämoglobinarten zur Verfügung:

- fetales HbF,
- adultes HbA_1 und
- adultes HbA_2.

Insgesamt werden 200 ml Sauerstoff pro Liter Blut transportiert. Dies entspricht in etwa dem Sauerstoffanteil in der Atemluft (21 %). Wenn die Konzentration der desoxygenierten Hämoglobine auf über 50 g pro Liter ansteigt, kann es zu einer Blaufärbung der Lippen und Schleimhäute kommen, was als Zyanose bezeichnet wird.

6. Wie kommt die spezielle Sauerstoffbindungskurve des Hämoglobins zustande und was sagt Ihnen diese Kurve?

Sauerstoff wird am Hämoglobin gebunden transportiert. Das tetramere Hämoglobin ist aus vier Untereinheiten aufgebaut, die sich bei der Sauerstoffbindung gegenseitig beeinflussen. Diese – auch allosterische Wechselwirkungen genannten – Kräfte bewirken nach Bindung eines Sauerstoffmoleküls an eine Untereinheit des Hämoglobins eine erleichterte Bindung weiterer O_2-Moleküle an die restlichen Untereinheiten. Daraus ergibt sich eine S-förmige sigmoide Sauerstoffbindungskurve. Schon bei einem physiologisch normalen P_{O_2} von 13,3 kPa liegt eine Sauerstoffsättigung von 98 % vor.

7. Bitte erläutern Sie die Begriffe Links- und Rechtsverschiebung im Zusammenhang mit der Sauerstoffbindungskurve!

Die Sauerstoffbindungskurve kann durch bestimmte Einflüsse nach links oder rechts verschoben werden. Eine Linksverschiebung bedeutet eine Affinitätszunahme des Hämoglobins für Sauerstoff, wodurch Sauerstoff

FÜRS MÜNDLICHE

einfacher aufgenommen wird, jedoch schwerer abgegeben werden kann. Eine Rechtsverschiebung meint genau das Gegenteil: Es wird leichter Sauerstoff abgegeben.

8. Sagen Sie, durch welche Faktoren kommt es zu einer Verschiebung nach links, durch welche zu einer Verschiebung nach rechts?
Die Linksverschiebung findet vor allem in der Lunge und die Rechtsverschiebung im Gewebe statt:
- Linksverschiebung durch Abnahme von P_{CO_2}, Zunahme des pH-Werts, Abnahme der Temperatur und/oder von 2,3-BPG.
- Rechtsverschiebung durch Erhöhung von P_{CO_2}, Abnahme des pH-Werts (Bohr-Effekt), Erhöhung der Temperatur und/oder von 2,3-BPG.

9. Wie wird Ihrer Meinung nach Kohlendioxid im Blut transportiert?
Sowohl physikalisch gelöst als auch chemisch gebunden. Die chemische Bindung erfolgt als Bikarbonat und als Carbamat an den Proteinseitenketten des Hämoglobins. Daneben werden noch die bei der Reaktion von CO_2 mit Wasser im Blut anfallenden H^+-Ionen an die Histidinseitenketten des Hämoglobins gebunden.

10. Welche Vorgänge spielen sich bei der chemischen Bindung von Kohlendioxid in Erythrozyten ab? Nennen Sie diese!
CO_2 diffundiert in die Erythrozyten hinein und reagiert dort mit Wasser zu HCO_3^--Ionen und H^+-Ionen. Diese Reaktion wird durch die schnelle intraerythrozytäre Carboanhydrase stark beschleunigt. H^+-Ionen können über Histidinseitenketten gebunden, also gepuffert werden. Bikarbonat-Ionen jedoch nicht, wodurch die intraerythrozytäre Konzentration von HCO_3^- ansteigt. Dieser Konzentrationsanstieg wird durch den Hamburger-Shift begrenzt: Es kommt zu einem Ausstrom von HCO_3^--Ionen und einem Einstrom von Cl^--Ionen.

11. Erläutern Sie bitte den Haldane-Effekt!
Das Äquivalent zum Bohr-Effekt. Er findet in der Lunge statt. Durch einen hohen Sauerstoffpartialdruck kommt es zur Bindung von O_2 an das Hämoglobin, wodurch über allosterische Wechselwirkungen die Bindungsfähigkeit von H^+ und CO_2 am Globin des Hämoglobins abnimmt.

Pause

Lach doch mal wieder!
Fünf Minuten Pause …

1 Atmung

1.9 Atmungsregulation

Das Atemzentrum liegt in der **Medulla oblongata** und erhält Atemreize über verschiedene Mechanismen. Unterschieden werden dabei
- rückkoppelnde Atemreize und
- nicht-rückkoppelnde Atemreize.

1.9.1 Rückkoppelnde Atemreize

Rückkoppelnde Atemreize sind Bestandteil eines geschlossenen Regelkreises. Zu ihnen gehören die Informationen der
- **Lungendehnungsrezeptoren**, die sich in der **Trachealwand** sowie den **Bronchien** befinden und durch eine Dehnung der Lunge aktiviert werden. Die Informationen gelangen über afferente Fasern des **N. vagus** zur Medulla oblongata. Dort hemmen sie die Einatmung, wodurch die Lunge vor allem bei beschleunigter Atmung vor Überdehnung geschützt wird.
- **Chemorezeptoren**, die in zentrale und periphere Chemorezeptoren unterteilt werden: **Zentrale Chemorezeptoren** werden vor allem durch **Hyperkapnie** (hohe CO_2-Partialdrücke) und **Azidose** (niedrigen pH-Wert) stimuliert. **Periphere Chemorezeptoren** aus dem Glomus aorticum und dem Glomus caroticum werden durch **Hypoxie** (niedrigen O_2-Partialdruck), aber auch durch **Hyperkapnie** und **Azidose** aktiviert.

> **Übrigens ...**
> Wird der N. vagus durchtrennt, kommt es zu einer Vertiefung und Verlangsamung der Atmung.

> **Merke!**
> - Die reflektorische Hemmung der Einatmung nach Aktivierung von Dehnungsrezeptoren der Bronchien und der Trachealwand wird als Hering-Breuer-Reflex bezeichnet.
> - Der Partialdruck von CO_2 hat mit Abstand den größten Einfluss auf den Atemantrieb: P_{CO_2} > pH-Wert > P_{O_2}
> - Arterielle Normalwerte für
>   - P_{CO_2} = 5,3 kPa oder 40 mmHg
>   - pH-Wert = 7,4
>   - P_{O_2} = 13,3 kPa oder 100 mmHg

1.9.2 Nicht-rückkoppelnde Atemreize

Aus höheren Hirnarealen erhält das Atemzentrum Informationen, die eine Stimulation der Atmung hervorrufen. Hierzu gehören vor allem die Informationen von
- hypothalamischen Schaltstellen der **Temperaturregulation**,
- **Pressorezeptoren** des Kreislaufsystems,
- **Schmerzreizen** und
- Hormonen wie **Adrenalin**.

1.9.3 Formen normaler und veränderter Atmung

In Abb. 25, S. 51 sind die wichtigsten physiologischen und pathologischen Atmungsformen dargestellt:

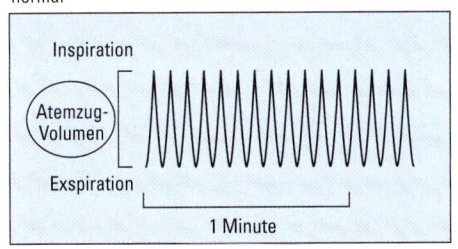

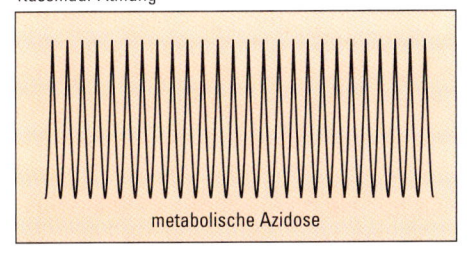

1.10 Atmung unter ungewöhnlichen Bedingungen

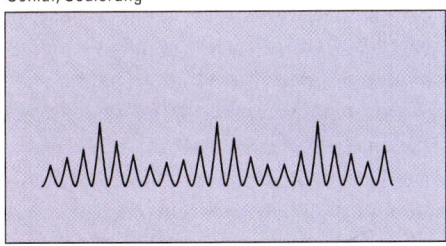

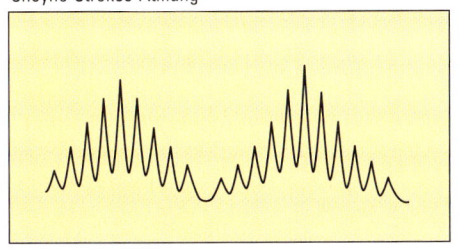

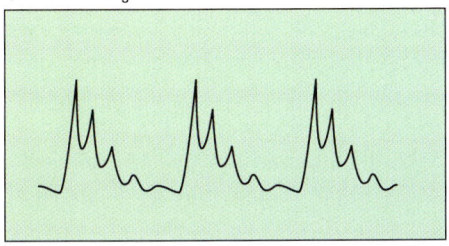

Abb. 25: Atmungsformen (normal, Kussmaul-Atmung bei metabolischer Azidose, Schlaf/Sedierung, Cheyne-Strokes-Atmung, Seufzer-Atmung)

medi-learn.de/6-physio4-25

> **Merke!**
> Die **Kussmaul-Atmung** bezeichnet eine verstärkte Atmung, wie sie bei der metabolischen Azidose auftreten kann (s. 2.4, S. 61).

1.10 Atmung unter ungewöhnlichen Bedingungen

Im schriftlichen Teil des Physikums beziehen sich die Fragen zu diesem Thema vor allem auf die Höhenatmung und die Höhenakklimatisation. Neuerdings werden aber auch wieder Fragen zum Thema Atmung bei erhöhtem Außendruck gestellt, wie er z. B. unter Wasser während des Schnorchelns oder Tauchens auftritt.

1.10.1 Höhenatmung

Mit zunehmender Höhe sinken der P_{O_2} und der P_{CO_2} der Inspirationsluft ab. Die prozentuale Zusammensetzung der Umgebungsluft bleibt mit zunehmender Höhe jedoch unverändert.

> **Merke!**
> In einer Höhe von **5500 m** hat sich der **äußere Luftdruck halbiert** (von etwa 100 kPa auf ~ 50 kPa), die prozentuale Zusammensetzung ist aber unverändert.

Bis auf etwa 2000 Höhenmeter wird der Abfall des P_{O_2} gut kompensiert, da bis zu einem alveolären P_{O_2} von 10 kPa (~ 75 mmHg) die Sauerstoffsättigung aufgrund der Bindungskurve nur unwesentlich abfällt. In größeren Höhen macht sich der Abfall des P_{O_2} jedoch bemerkbar (Hypoxie). Es kommt zu einer schnellen und einer verzögerten Anpassungsreaktion.

1. **Schnelle Anpassungsreaktion**: Durch die **arterielle Hypoxie** (fallender P_{O_2}) kommt es über die **peripheren Chemorezeptoren** zu einer **Stimulation der Atmung mit Anstieg der Herzfrequenz**. Die vermehrte Atmung führt zur gewünschten Zunahme des arteri-

1 Atmung

ellen P_{O_2}. Dabei wird zugleich vermehrt Kohlendioxid abgeatmet (P_{CO_2} fällt), wodurch der pH-Wert steigt (Alkalose). Ein niedriger P_{CO_2} wirkt jedoch hemmend auf das Atemzentrum. Somit tritt während der schnellen Anpassungsreaktion eine Konkurrenz zwischen hypoxischem Atemantrieb und hypokapnischer Atemhemmung auf.

2. **Verzögerte Anpassungsreaktion**: Nach Tagen bis Wochen greifen zwei verschiedene Mechanismen.
   - Einerseits wird die **respiratorische Alkalose** durch eine **renale Kompensation** (s. Kapitel 2.5, S. 65) mit vermehrter Ausscheidung von HCO_3^- abgemildert und so die hypokapnische Atemhemmung reduziert.
   - Andererseits bewirkt eine längere Hypoxie die Ausschüttung von Erythropoetin, wodurch die Erythropoese ansteigt und so die Sauerstofftransporter im Blut zunehmen (Polyglobulie als Anstieg des Hämatokrits und Blutvolumens). Der Sauerstoffgehalt des Blutes ist dadurch erhöht, was vor allem von Leistungs- und Ausdauersportlern durch das Höhentraining ausgenutzt wird.

Daneben kommt es noch zu einer **Zunahme der Konzentration von 2,3-Bisphosphoglycerat** in den Erythrozyten, was eine **Rechtsverschiebung der Sauerstoffbindungskurve** bewirkt. Diese Rechtsverschiebung führt zur Affinitätsabnahme des Hämoglobins gegenüber Sauerstoff, der daraufhin im Gewebe leichter abgegeben werden kann.

> **Merke!**
>
> - Die schnelle Anpassungsreaktion wird durch die respiratorische Alkalose limitiert.
> - Nach einer **Höhenakklimatisation** ist der arterielle P_{CO_2} vermindert und der Hämatokrit, das Blutvolumen, der Sauerstoffgehalt des Blutes sowie die Konzentration von 2,3-Bisphosphoglycerat sind erhöht.

Übrigens …
Bei der **akuten Bergkrankheit** kommt es zu Schwindel, Kopfschmerzen und Müdigkeit, was durch die stark **Hypoxie-empfindlichen Nervenzellen** erklärbar ist. Zudem kann – durch den **höheren pulmonalen Gefäßwiderstand** mit resultierendem Anstieg des pulmonalarteriellen Blutdruckes – ein **Lungenödem neben einem Hirnödem** entstehen. Der gestiegene Gefäßwiderstand resultiert aus der Zunahme des Hämatokrits, wodurch die **Blutviskosität** (Zähflüssigkeit) steigt, und aus der auftretenden **hypoxischen Vasokonstriktion** der Lunge.

1.10.2 Tauchen und Schnorcheln

Nicht nur beim Tauchen mit einem Atemgerät, sondern auch beim Schnorcheln im nächstgelegenen See wirken erhebliche Kräfte auf unseren Brustkorb und unsere Lunge: Pro 10 m Tauchtiefe steigt der Außendruck um etwa 100 kPa (entspricht 1 bar oder 750 mmHg). Bis zu einer Schnorcheltiefe von 30 cm können die Inspirationsmuskeln den Kompressionsdruck von ca. 2 bis 5 kPa kompensieren und die Luft mit atmosphärischem Druck einatmen. Ab einer Schnorcheltiefe von 1 m erreicht die Belastung der Atemmuskeln jedoch eine kritische Grenze. Selbst wenn die Lunge durch erhebliche Anstrengungen noch ventiliert werden könnte, wäre der eingeatmete atmosphärische Partialdruck von Sauerstoff zu gering, um dessen ausreichende Diffusion durch die Alveolarmembran zu bewirken (s. 1.7, S. 37).

In dieser Situation addiert sich nämlich zum Gesamtdruck in der Lungenkapillare (Summe der Partialdrücke von Stickstoff, Sauerstoff, Edelgasen, Wasserdampf und Kohlendioxid) noch der hydrostatische Druck der Tauchtiefe (1 m = 10 kPa). Dadurch kann – bei fehlendem Gegendruck durch die Einatmung atmosphä-

1.10.2 Tauchen und Schnorcheln

rischer Luft – eine Filtration in Richtung Lungenalveole auftreten und sich ein Lungenödem ausbilden.

> **Merke!**
> Pro 10 m Tauchtiefe kommen zum gesamten Luftdruck von 101 kPa noch einmal ca. 100 kPa = 1 bar = 750 mmHg hinzu.

Ein neues Lieblingsthema im Physikum scheinen Volumenveränderungen mit zunehmender Tauchtiefe zu sein. Bei konstanter Temperatur und abgeschlossener Gasmenge kann die ideale Gasgleichung $p \cdot V = n \cdot R \cdot T$ (s. 1.2.1, S. 1) vereinfacht werden zu $p_1 \cdot V_1 = p_2 \cdot V_2$.
Versenkt man einen luftgefüllten 10-Liter-Eimer mit der Öffnung nach unten im Wasser, so verkleinert sich das eingeschlossene Luftvolumen mit zunehmender Tauchtiefe (s. Tab. 5, S. 53):

Beim **Apnoetauchen** wird die Luft angehalten. Mit steigender Tauchtiefe und zunehmendem Außendruck kommt es hierbei zur Verkleinerung des Thorax, zum Höhertreten des Zwerchfells und zur Blutverschiebung in den Thoraxraum. Dies führt zu einer Abnahme des Lungenvolumens und zum Anstieg des Drucks im Alveolarraum. In großen Tiefen kann daher der Sauerstoffgehalt des Alveolarraums besser genutzt werden. Durch Hyperventilation vor dem Tauchgang können z. B. Perlentaucher ihre Tauchzeit verlängern: Hyperventilation senkt den CO_2-Partialdruck und verzögert so den CO_2-vermittelten Atemreiz. Beim Auftauchen und der Normalisierung des Gesamtdrucks kann der alveoläre Partialdruck von Sauerstoff jedoch unter 4 kPa (= 30 mmHg) absinken und dadurch Bewusstlosigkeit eintreten. Der Perlentaucher würde zwar die Wasseroberfläche erreichen, jedoch dann zu ertrinken drohen.

> **Merke!**
> Beim Apnoetauchen kommt es mit steigendem Außendruck zu einer Abnahme des Lungenvolumens.

Beim **Gerätetauchen** mit Pressluft-Atemgeräten, die den Druck der Atemluft dem Umgebungsdruck mittels eines Lungenautomaten anpassen, aber auch beim Arbeiten in **Taucherglocken** oder **Caissons** (unten offener Kasten mit luftdichten Wänden, die z. B. bei Tunnelbauarbeiten eingesetzt werden, um durch Innen-

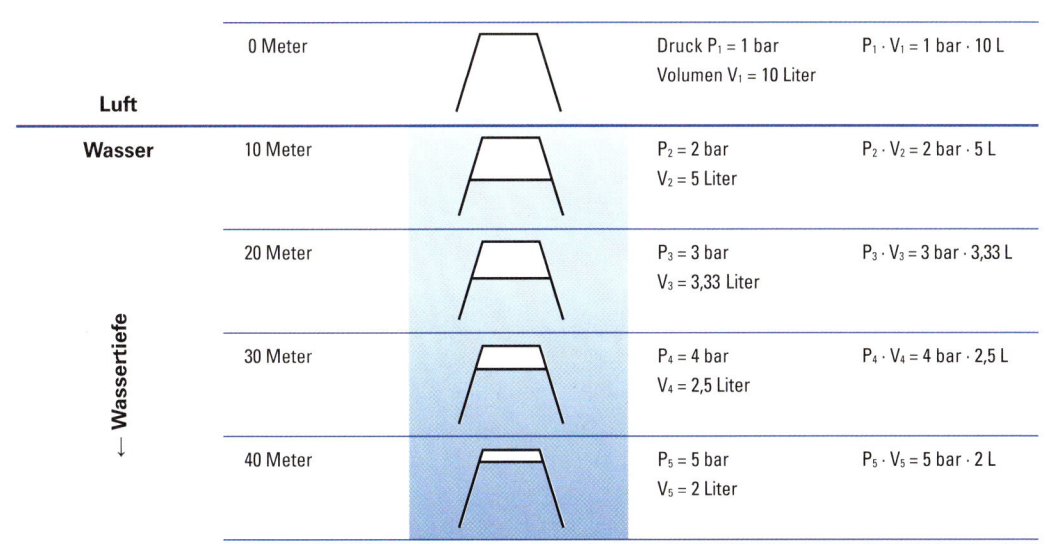

Wassertiefe	Tiefe	Druck/Volumen	$p \cdot V$
Luft	0 Meter	Druck P_1 = 1 bar, Volumen V_1 = 10 Liter	$P_1 \cdot V_1$ = 1 bar · 10 L
Wasser	10 Meter	P_2 = 2 bar, V_2 = 5 Liter	$P_2 \cdot V_2$ = 2 bar · 5 L
	20 Meter	P_3 = 3 bar, V_3 = 3,33 Liter	$P_3 \cdot V_3$ = 3 bar · 3,33 L
	30 Meter	P_4 = 4 bar, V_4 = 2,5 Liter	$P_4 \cdot V_4$ = 4 bar · 2,5 L
	40 Meter	P_5 = 5 bar, V_5 = 2 Liter	$P_5 \cdot V_5$ = 5 bar · 2 L

Tab. 5: Volumenänderungen mit zunehmender Tauchtiefe

1 Atmung

druckerhöhung den Einstrom von Grundwasser zu verhindern), wird die Komprimierung der Lungen vermieden. Die alveolären Partialdrücke von Stickstoff und Sauerstoff steigen daher proportional zum Innendruck der Atemgeräte und Taucherglocken an. Problematisch ist hier die toxische Wirkung von Stickstoff und Sauerstoff:

– Ein sehr hoher Partialdruck von Stickstoff (ab ca. 300 kPa, normal ca. 75 kPa) führt durch Schädigung des ZNS zu Euphorie sowie Störung der Gedächtnisleistung und Motorik. Ab einer Tauchtiefe von ca. 35 bis 40 m kann der gefürchtete Tiefenrausch einsetzen. Dieses Problem wird durch Einsatz von Helium vermieden, das nur in geringem Maß die Alveolarmembran passiert.

– Ein sehr hoher Partialdruck von Sauerstoff führt ebenfalls zu einer Schädigung des ZNS und nach längerer Einwirkung auf die Alveolen auch zu Schäden, die ein Lungenödem hervorrufen können. Beim Tauchen in sehr großen Tiefen wird deshalb nicht nur Stickstoff durch Helium ersetzt, sondern auch die Sauerstoffkonzentration reduziert.

Übrigens ...
Durch technische Fehler in geschlossenen Tauchgeräten, die einen CO_2-Absorber verwenden und so die Rückatemluft wiederverwenden, kann es zur **Hyperkapnie** des Tauchers kommen. Als Symptome treten in der Regel ab einem CO_2-Partialdruck von 5 kPa Kopfschmerzen und Ohrensausen auf. Ab 10 kPa kann es zu Euphorie, Apathie und Bewusstseinsstörungen kommen – **der CO_2-Narkose (Tiefenrausch)**.

DAS BRINGT PUNKTE

Zur **Atemregulation** wurde häufig gefragt, dass
- Hyperkapnie vor allem zentrale Chemorezeptoren stimuliert,
- Hypoxie vor allem periphere Chemorezeptoren stimuliert und
- die Rezeptoren des Hering-Breuer-Reflexes sich in den Bronchien befinden und Dehnungsrezeptoren sind.

Zur **Höhenatmung** solltest du wissen, dass
- mit Zunahme der Höhe der Sauerstoffpartialdruck der Inspirationsluft sinkt, jedoch NICHT der prozentuale Sauerstoffgehalt,
- bei einem Aufstieg in große Höhen (> 3500 m) die alveolären P_{O_2} und P_{CO_2} absinken, der P_{H_2O} aber unverändert bleibt, wenn sich die Temperatur der Alveolarluft nicht ändert,
- sich in fünf bis sechs Kilometer Höhe der äußere Luftdruck halbiert hat,
- mit zunehmender Höhe die arterielle Hypoxie als Atemantrieb wirkt,
- mit zunehmender Höhe das Atemzeitvolumen ansteigt und sich zusehends eine respiratorische Alkalose entwickelt,
- nach Höhenakklimatisation der arterielle CO_2-Partialdruck vermindert ist,
- während einer Höhenakklimatisation der Hämatokrit, das Blutvolumen, das 2,3-BPG und die Blutviskosität ansteigen,
- ein längerer Höhenaufenthalt zu einer Polyglobulie führt,
- durch eine Höhenakklimatisation mit Hb-Anstieg auch der periphere Kreislaufwiderstand steigt und
- bei akutem Höhenaufstieg auf 5500 m sich eine verminderte arterielle O_2-Sättigung des Hämoglobins, ein erhöhtes Atemzeitvolumen, eine Tachykardie, ein erhöhter Strömungswiderstand der Lunge durch hypoxische Vasokonstriktion und – nach einigen Tagen – eine erhöhte Ausscheidung von Bikarbonat über die Niere einstellen.

Zur Atmung beim **Tauchen** wurde gefragt, dass
- pro 10 m Tauchtiefe zum gesamten Luftdruck von 101 kPa noch einmal ca. 100 kPa hinzukommen,
- beim Apnoetauchen durch eine Hyperventilation mit Hypokapnie vor dem Tauchgang der CO_2-bedingte Atemreiz während des Tauchgangs verzögert wird.

FÜRS MÜNDLICHE

Nun wird es sportlich: Bergsteigen und Tauchen stehen an. Mit diesem Praxisbezug machen die folgenden Fragen vielleicht sogar ein kleines bisschen Spaß!

1. **Sagen Sie, durch welche Einflüsse wird die Atmung gesteuert?**

2. **Was ist die Kussmaul-Atmung?**

3. **Was verstehen Sie unter Höhenakklimatisierung?**

FÜRS MÜNDLICHE

1. Sagen Sie, durch welche Einflüsse wird die Atmung gesteuert?
Es können rückkoppelnde von nicht-rückkoppelnden Atemreizen unterschieden werden. Rückkoppelnd bedeutet, dass mit der Atmung verbundene Reize der Lunge registriert werden. So zum Beispiel Informationen der Lungendehnungsrezeptoren, die die Einatmung hemmen und so die Lunge bei beschleunigter Atmung vor Überdehnung schützen. Aber auch Informationen der Chemorezeptoren, die die Atemgaskonzentrationen im Blut registrieren.
Nicht-rückkoppelnd bedeutet, dass Reize auf den Atemantrieb wirken können, die nicht aus dem respiratorischen System stammen. Zu den nicht-rückkoppelnden Atemreizen gehören z. B. Schmerzreize und die Wirkung von Adrenalin.

2. Was ist die Kussmaul-Atmung?
Eine verstärkte Atmung, die vor allem bei einer metabolischen Azidose auftritt, z. B. während einer Ketoazidose bei Diabetes mellitus. Durch die verstärkte Atmung versucht der Körper den P_{CO_2} zu senken und so eine Erhöhung des pH-Werts zu erreichen.

3. Was verstehen Sie unter Höhenakklimatisierung?
Die Höhenakklimatisierung ist die Reaktion des Körpers auf einen längeren Höhenaufenthalt. Da in der Höhe die Partialdrücke von Sauerstoff und Kohlendioxid abnehmen, kommt es akut zu einer Steigerung der Atmung. Jedoch ist diese Steigerung der Atmung durch die sich entwickelnde respiratorische Alkalose begrenzt. Längerfristig kommt es daher – über die Ausschüttung von Erythropoetin aus der Niere – zu einer Steigerung der Erythropoese mit steigendem Hämatokrit, wodurch die chemische Sauerstoff-Kapazität des Blutes erhöht wird. Außerdem wird die respiratorische Alkalose renal kompensiert durch die vermehrte HCO_3^--Ausscheidung und die Erhöhung der Konzentration von 2,3-BPG in den Erythrozyten. Dadurch kann der Sauerstoff im Gewebe leichter abgegeben werden – aufgrund der Rechtsverschiebung der Sauerstoffbindungskurve (s. Abb. 21, S. 41).

Pause

Endspurt! Noch einmal kurz grinsen, dann geht's zum nächsten Kapitel ...

Mehr Cartoons unter www.medi-learn.de/cartoons

Ein besonderer Berufsstand braucht besondere Finanzberatung.

Als einzige heilberufespezifische Finanz- und Wirtschaftsberatung in Deutschland bieten wir Ihnen seit Jahrzehnten Lösungen und Services auf höchstem Niveau. Immer ausgerichtet an Ihrem ganz besonderen Bedarf – damit Sie den Rücken frei haben für Ihre anspruchsvolle Arbeit.

- Services und Produktlösungen vom Studium bis zur Niederlassung
- Berufliche und private Finanzplanung
- Beratung zu und Vermittlung von Altersvorsorge, Versicherungen, Finanzierungen, Kapitalanlagen
- Niederlassungsplanung & Praxisvermittlung
- Betriebswirtschaftliche Beratung

Lassen Sie sich beraten!
Nähere Informationen und unseren Repräsentanten vor Ort finden Sie im Internet unter
www.aerzte-finanz.de

Deutsche Ärzte Finanz

Standesgemäße Finanz- und Wirtschaftsberatung

2 Säure-Basen-Gleichgewicht und Pufferung

.ıl Fragen in den letzten 10 Examen: 9

Der Säure-Basen-Haushalt des menschlichen Körpers hat die Aufgabe, den physiologischen pH-Wert bei 7,4 konstant zu halten. Dafür ist es notwendig, anfallende überschüssige H^+- und OH^--Ionen durch Puffersysteme zu neutralisieren und aus dem Körper zu entfernen. Diese Arbeit erfordert ein komplexes Zusammenspiel zwischen Geweben, Blut, Nieren und Lungen. Das Verständnis und vor allem die Anwendung dieses komplexen Zusammenspiels auf konkrete Beispiele wird durch Fragen im Physikum überprüft und ist zudem oft Gegenstand der mündlichen Prüfung.

2.1 Pufferung

Vorab einige wichtige chemische Grundlagen, die dir das Verständnis dieses Themas erleichtern sollen:
Unter Puffer versteht man in der Chemie ein Gemisch aus einer schwachen **Säure mit ihrer korrespondierenden Base** – so z. B. **CO_2 als Puffersäure und HCO_3^- als Pufferbase**. Diese Pufferlösungen sind in der Lage, bestimmte Mengen von H^+- und OH^--Ionen zu binden oder abzugeben, wodurch sich der pH-Wert der Lösung über weite Bereiche nicht wesentlich verändert. Die Zusammenhänge zwischen pH-Wert und Pufferteilchen lassen sich mit der **Henderson-Hasselbalch-Gleichung** darstellen:

$$pH = pK + \log \frac{(\text{Pufferbase A}) = HCO_3^-}{(\text{Puffersäure AH}) = CO_2}$$

Der pK-Wert gibt den pH-Wert der optimalen Pufferung des Puffersystems an.

Bei näherer Betrachtung der Gleichung fällt auf, dass sie **drei Variablen** besitzt:

1. den pH-Wert,
2. die Konzentration der Pufferbase und
3. die Konzentration der Puffersäure.

Merke!

– Merk dir bitte unbedingt, dass jedes Puffersystem seinen eigenen **pK-Wert** besitzt!
– Mit der Henderson-Hasselbalch-Gleichung kann in einer Bikarbonat-Pufferlösung die Bikarbonat-Konzentration (Pufferbase) errechnet werden, wenn der pH-Wert der Lösung und der Partialdruck CO_2 bekannt sind.

2.2 Puffersysteme

Im menschlichen Körper gibt es drei wichtige Puffersysteme:

1. **Phosphatpuffer**: $H_2PO_4^- \leftrightarrows HPO_4^{2-} + H^+$
   Dieses Puffersystem besitzt den günstigsten Pufferbereich mit pK = 6,8, der nahe am physiologischen pH-Wert liegt. Durch die Nieren können $H_2PO_4^-$-Ionen ausgeschieden werden, was eine Abgabe von H^+-Ionen bedeutet. Der Phosphatpuffer besitzt jedoch im Extrazellulärraum nur eine sehr geringe Konzentration und hat daher für die Pufferung des Blutplasmas nur eine eingeschränkte Relevanz.

2. **Proteinpuffer**: $-NH_2$ (Amino-) und $-COOH$ (Carboxyl-)Gruppen sowie einige Reste von **Aminosäuren** der **Proteine** bilden dieses Puffersystem.
   Der Proteinpuffer kommt vor allem **intrazellulär** vor. In den **Erythrozyten** bildet das Protein **Hämoglobin** den quantitativ wichtigsten Nicht-Bikarbonatpuffer (Proteinpuffer) und ist wesentlich an der Pufferung des Blutplasmas beteiligt.

3. **Bikarbonatpuffer**: $CO_2 + H_2O \leftrightarrows H^+ + HCO_3^-$
Der Bikarbonatpuffer hat mit seinem pK = 6,1 einen weniger physiologischen Pufferbereich. Dennoch stellt dieses Puffersystem den **wichtigsten Puffer** des menschlichen Körpers dar, da es sich um ein **offenes Puffersystem** handelt. Über die Lunge kann als respiratorische Komponente des Säure-Basen-Haushalts die Puffersäure **CO_2 abgeatmet** und so saure H^+-Ionen aus dem Körper entfernt werden. Außerdem kann Bikarbonat zusätzlich über die Nieren ausgeschieden oder eingespart werden.

2.3 Parameter des Säure-Basen-Haushalts

Jetzt, wo dir die Puffersysteme hoffentlich geläufig sind, stellt sich die Frage, wie man den Status des Säure-Basen-Haushalts genau festlegen kann. In der Klinik ist z. B. zu klären, ob bei einem Patienten eine Azidose oder Alkalose vorliegt und ob diese Störung respiratorisch und/oder nicht-respiratorisch verursacht wurde. Um diese Entscheidung treffen zu können, müssen drei Punkte abgefragt werden:
1. der **pH-Wert**, der die Konzentration freier H^+-Ionen im Blut angibt,
2. der **P_{CO_2}** als Partialdruck von CO_2 im Blut, der Auskunft über die **respiratorischen** Einflüsse auf den Säure-Basen-Status gibt,
3. das **aktuelle Bikarbonat**, das **Standardbikarbonat**, die **Pufferbasen** (BB) und der **Basenüberschuss** (BE), die die **nicht-respiratorischen** (metabolischen) Einflüsse auf den Säure-Basen-Status anzeigen.

Natürlich kann durch Messung des **pH-Werts** eindeutig zwischen einer Azidose und einer Alkalose unterschieden werden. Auch die respiratorischen Einflüsse lassen sich direkt durch die Messung des P_{CO_2} abschätzen. Es stellt sich nun noch die Frage, welcher der vier Messwerte unter Punkt 3 am aussagekräftigsten ist, um eine **nicht-respiratorische** (metabolische) Störung eindeutig abzugrenzen.
Welcher dieser Parameter ändert sich also nur bei einem nicht-respiratorischen Problem?
Um diese Frage zu klären und Sicherheit im Umgang mit den Messwerten des Säure-Basen-Haushalts zu vermitteln, werden diese vier Messwerte hier näher beleuchtet:
– Das **aktuelle Bikarbonat** wird im Blutplasma des Vollbluts bestimmt. Hierzu wird einem Patienten Blut abgenommen und die aktuelle HCO_3^--Konzentration gemessen.

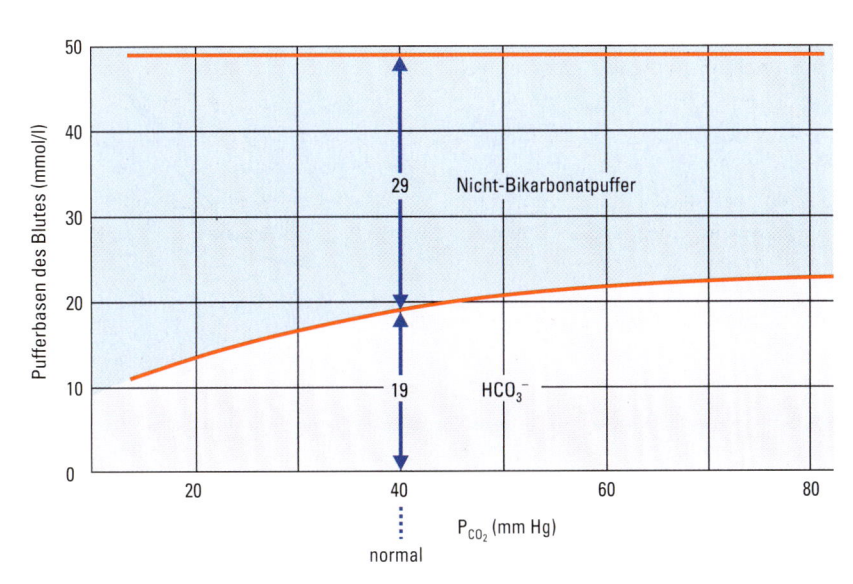

Abb. 26: Abhängigkeit der Pufferbasen vom P_{CO_2}

medi-learn.de/6-physio4-26

2 Säure-Basen-Gleichgewicht und Pufferung

Diese ist sowohl bei respiratorischen als auch bei nicht-respiratorischen Störungen verändert. Der Normalwert ist **24 mmol/l**.

- Das **Standardbikarbonat** wird ebenfalls im Blutplasma des Vollbluts bestimmt. Hierzu wird einem Patienten Blut abgenommen und in der Blutprobe die **respiratorischen Standardbedingungen eines gesunden Menschen hergestellt**. Die Blutprobe wird dazu vollständig oxygeniert (normaler arterieller P_{O_2} von 13,3 kPa = 100 mmHg wird hergestellt) und bei einem P_{CO_2} von 5,3 kPa = 40 mmHg (normales arterielles Blut) und 37 °C die HCO_3^--**Konzentration** bestimmt. Der Wert des Standardbikarbonats ist dann nur noch bei nicht-respiratorischen (metabolischen) Störungen und bei einer renalen Kompensation einer respiratorischen Störung verändert. Der Normalwert ist 24 mmol/l.

- Die **Pufferbasen (BB = 48 mmol/l)** werden ebenfalls im Blutplasma des Vollbluts bestimmt. Hierzu wird einem Patienten Blut abgenommen und es werden wieder die respiratorischen Standardbedingungen von P_{O_2} und P_{CO_2} hergestellt. Daraufhin wird die Konzentration der puffernden Anionen im Blut bestimmt. Die puffernden Anionen setzen sich zusammen aus:
  - HCO_3^--**Konzentration des Blutplasmas und der Erythrozyten** als Bikarbonatpuffer
  - **Pufferanionen der Plasmaproteine und des Hämoglobins** als Nicht-Bikarbonatpuffer
  - dem **Phosphat-Ion HPO_4^{2-}** als Nicht-Bikarbonatpuffer

Der Normalwert der Pufferbasen beträgt **48 mmol/l**. Erhöht sind die Pufferbasen bei einer nicht-respiratorischen (metabolischen) Alkalose, erniedrigt bei einer nicht-respiratorischen Azidose. Außerdem sind sie abhängig von der Hämoglobinkonzentration und können daher bei einer Anämie erniedrigt sein (s. Abb. 26, S. 59).

> **Merke!**
>
> Die **Pufferbasen** sind unabhängig vom P_{CO_2} und damit unabhängig von respiratorischen Einflüssen. Die Pufferbasen werden daher durch respiratorische Einflüsse in ihrer Summe auch nicht verändert. Es ändert sich nur das Verhältnis von Bikarbonatpuffer zu Nicht-Bikarbonatpuffer.

Symbol	$P_{A_{CO_2}}$		pH_{Pl}	$[HCO_3^-]_{Pl}$	$[HCO_3^-]_{St}$	BE	BB
Einheit	kPa	mmHg	–	mmol/l	mmol/l	mmol/l	mmol/l
normal von	4,3	32	7,37	20	21	–2	42
bis	6,0	45	7,45	27	26	+2	54
Mittelwert	5,3	40	7,40	24	24	0	48
	CO_2-Partialdruck		Plasma-pH	Plasmabikarbonat-Konz.	Standardbikarbonat-Konz.	Basenabweichung	Pufferbasen

Abb. 27: Normalwerte wichtiger Parameter des Säure-Basen-Haushalts

medi-learn.de/6-physio4-27

- Der **Basenüberschuss** (BE = base excess) wird ebenfalls im Blutplasma des Vollbluts bestimmt. Hierzu wird einem Patienten Blut abgenommen und die Differenz zwischen aktueller Pufferbase und Pufferbase nach Herstellung der respiratorischen Standardbedingungen ermittelt.
Der Normalwert beträgt 0 mmol/l, der Normalbereich der Basenabweichung reicht von −2 bis +2 mmol/l.
Ist der BE auf Werte über 2 mmol/l erhöht, so liegt eine nicht-respiratorische (metabolische) Alkalose vor. Eine nicht-respiratorische (metabolische) Azidose ist gekennzeichnet durch einen stark (< −2mmol/l) negativen BE.

> **Merke!**
>
> Der Base excess ist
> – unabhängig von Veränderungen des P_{CO_2} und des Hb-Werts.
> – nur bei nicht-respiratorischen (metabolischen) Störungen verändert.

Zum Abschluss noch einmal ein Überblick über die Normalwerte des Säure-Basen-Haushalts, die du für das Physikum unbedingt parat haben solltest (s. Abb. 27, S. 60).

2.4 Störungen des Säure-Basen-Haushalts

Im Physikum werden oft Fragen gestellt, in denen aus unterschiedlichen Parametern des Säure-Basen-Haushalts eines Patienten die zugrunde liegende Störung erkannt werden soll. Um diese recht komplexen Fragen lösen zu können, muss man die Störungen des Säure-Basen-Haushalts näher betrachten:
Aus der Höhe des pH-Werts kann man schon grob ablesen, in welche Richtung die Störung des Säure-Basen-Haushalts geht:
– Bei einem pH **unter 7,4** liegt eine **Azidose** vor.
– Bei einem pH **über 7,4** liegt eine **Alkalose** vor.

Um die Ursachen einer Azidose oder Alkalose aufzuklären und näher zu beschreiben, müssen eine **respiratorische** von einer **nicht-respiratorischen Ursache** unterschieden werden.

2.4.1 Respiratorische Störungen

Bei den primär respiratorischen Störungen kommt es aufgrund einer Störung der Ventilation zu einer **Zu- oder Abnahme des P_{CO_2}**.

> **Merke!**
>
> Der normale arterielle P_{CO_2} beträgt 5,3 kPa (= 40 mmHg).

Die **respiratorische Azidose** (s. Abb. 28, S. 64 Pfeil 1) ist gekennzeichnet durch
– einen **erhöhten** P_{CO_2} und somit nach der Reaktionsgleichung des Bikarbonatpuffers
$CO_2 + H_2O \rightarrow H^+ + HCO_3^-$,
– eine **erhöhte** Konzentration von H^+-Ionen und damit einen erniedrigten **pH**-Wert (Azidose),
– eine **erhöhte** Konzentration des **aktuellen Bikarbonats** ($HCO_3^- >$ 24 mmol/l),
– ein unter Standardbedingungen **NORMALES Standardbikarbonat** (24 mmol/l),
– **normale Pufferbasen** (48 mmol/l), da mit Zunahme der Konzentration des Bikarbonatpuffers (HCO_3^- steigt an) die Konzentration der Nicht-Bikarbonatpufferbasen abnimmt und
– einen **Basenüberschuss von Null** (BE-Bereich zwischen −2 bis +2 mmol/l).

Die **Ursachen** einer respiratorischen Azidose können eine **Hypoventilation** durch Schädigung des Atemzentrums, nervaler Verbindungen, der Atemmuskulatur, der Lungen- und/oder Thoraxelastizität oder des Gasaustauschs sein.

> **Merke!**
>
> Bei einer Veränderung des P_{CO_2} ändert sich das Verhältnis der Pufferbasen zueinander, NICHT jedoch die Gesamtmenge der Pufferbasen.

Die **respiratorische Alkalose** (s. Abb. 28, S. 64, Pfeil 2) ist gekennzeichnet durch
- einen **erniedrigten** P_{CO_2} und somit nach der Reaktionsgleichung des Bikarbonatpuffers $CO_2 + H_2O \leftarrow H^+ + HCO^{3-}$,
- eine **erniedrigte Konzentration** von H^+-Ionen und damit einen erhöhten pH-Wert (Alkalose),
- eine erniedrigte Konzentration des aktuellen Bikarbonats ($HCO_3^- <$ 24 mmol/l),
- ein – wie bei der respiratorischen Azidose – unter Standardbedingungen – **NORMALES Standardbikarbonat** (24 mmol/l) und
- einen **Basenüberschuss von Null** (BE-Bereich zwischen –2 bis +2 mmol/l).

Die **Ursachen** der respiratorischen Alkalose können eine **Hyperventilation** durch eine verstärkte Stimulation des Atemzentrums bei Verletzungen/Hirnschäden bzw. psychogen oder die verstärkte Atmung in großen Höhen sein. Typischerweise entwickelt sich bei diesen Patienten durch die arterielle Hypokapnie eine zerebrale Vasokonstriktion. Dies führt dazu, dass dem Patienten „schwarz vor Augen" wird und er kollabiert.

> **Merke!**
> Bei Veränderung des CO_2-Partialdrucks bleiben das Standardbikarbonat, die Pufferbasenkonzentration und der BE im Normalbereich.

2.4.2 Nicht-respiratorische (metabolische) Störungen

Bei primär nicht-respiratorischen (metabolischen) Störungen kommt es zu einer Zunahme oder Abnahme der Konzentration von H^+-Ionen.

Die **nicht-respiratorische (metabolische) Azidose** (s. Abb. 28, S. 64, Pfeil 3) ist gekennzeichnet durch
- einen **normalen** P_{CO_2} (5,3 kPa/40 mmHg),
- eine **erhöhte** Konzentration von H^+-Ionen und damit einen **erniedrigten pH-Wert** (Azidose),
- eine erniedrigte Konzentration des **aktuellen Bikarbonats** ($HCO_3^- <$ 24 mmol/l) – durch Abpufferung der hohen H^+-Konzentration,
- ein – unter Standardbedingungen – **erniedrigtes Standardbikarbonat** ($HCO_3^- <$ 24 mmol/l) und
- einen negativen **Basenüberschuss** (BE < 0/unter –2 mmol/l).

Die **Ursachen** der metabolischen Azidose können eine Additionsazidose, eine Retentionsazidose oder eine Subtraktionsazidose sein. **Additionsazidose** bezeichnet die vermehrte Bildung oder Zufuhr von Säuren, wie bei der Laktazidose (durch schwere körperliche Arbeit), bei der Ketoazidose (durch Ketonkörper beim Diabetes mellitus) oder beim Fasten (Fettsäuren, Azetazetat und β-Hydroxybutyrat). Außerdem führt eine Hyperkaliämie zu einer extrazellulären Azidose. **Retentionsazidose** bezeichnet eine Nierenfunktionsstörung mit verminderter Ausscheidung von H^+-Ionen. **Subtraktionsazidose** bezeichnet eine vermehrte Ausscheidung von Basen beim Durchfall oder bei einer Nierenfunktionsstörung mit vermehrter Ausscheidung von HCO_3^--Ionen, wie sie bei einer Hemmung des Enzyms Carboanhydrase im proximalen Tubulus der Niere entstehen kann. Die Hemmung führt zu einer geringeren Wiederaufnahme von HCO_3^- und Na^+ und somit Wasser. Der vermehrte Na^+-Verlust führt zu einem Zurückhalten von Cl^- und zu einer vermehrten Ausscheidung von K^+ - einer Hypokaliämie, wodurch eine hyperchlorämische metabolische Azidose entsteht.

Die **nicht-respiratorische (metabolische) Alkalose** (s. Abb. 28, S. 64, Pfeil 4) ist gekennzeichnet durch
- einen – wie bei der metabolischen Azidose – **normalen** P_{CO_2} (= 5,3 kPa/40 mmHg),
- eine **verminderte** Konzentration von H^+-Ionen, bei **erhöhter** Konzentration von OH^--Ionen und damit einen **erhöhten pH-Wert** (Alkalose),
- ein erhöhtes **aktuelles Bikarbonat** ($HCO_3^- >$ 24 mmol/l) – **durch Abpufferung** der hohen OH^--Konzentration,
- ein unter Standardbedingungen **erhöhtes Standardbikarbonat** ($HCO_3^- >$ 24 mmol/l) und
- einen positiven Basenüberschuss **(BE > +2 mmol/l)**.

2.4.2 Nicht-respiratorische (metabolische) Störungen

Die **Ursachen** der metabolischen Alkalose können eine **Additionsalkalose**, eine **Subtraktionsalkalose** oder eine Verteilungsalkalose sein. Additionsalkalose bezeichnet die vermehrte Bildung oder Zufuhr von Basen, wie bei der inadäquaten renalen Produktion von HCO_3^- bei einer gesteigerten renalen H^+-Ausscheidung (zusätzlich zur Hypokaliämie bei chronisch erhöhtem Aldosteron-Spiegel – dem primären oder sekundären Hyperaldosteronismus). Subtraktionsalkalose bezeichnet den vermehrten Verlust von H^+-Ionen über die Niere oder bei Erbrechen von saurem Magensaft. **Verteilungsalkalose** bezeichnet den Ausgleich einer Hypokaliämie, bei der K^+-Ionen aus der Zelle abgegeben und H^+-Ionen kompensatorisch aufgenommen werden.

> **Merke!**
> Bei einer primär nicht-respiratorischen (metabolischen) Störung bleibt der P_{CO_2} normal bei 5,3 kPa (= 40 mmHg).

In Abb. 28, S. 64 sind die Störungen des Säure-Basen-Haushalts im **log P_{CO_2}/CO_2-Diagramm** dargestellt. Dieses Diagramm wird sehr oft in den Physikumsfragen verwendet, weshalb du es unbedingt verstanden haben solltest. Neben dem pH-Wert und dem P_{CO_2} enthält dieses Diagramm aber noch eine weitere wichtige Information, die sehr gern im Physikum gefragt wird: die Geraden gleicher aktueller Bikarbonatkonzentration. Bei Betrachten des Diagramms sieht man, dass sich der Normalwert des Säure-Basen-Haushalts von pH = 7,4 und P_{CO_2} = 5,3 kPa als Punkt auf der 24 mmol/l-Geraden der aktuellen Bikarbonat-Konzentration befindet.

> **Merke!**
> - Der Normalzustand im arteriellen Blut ist gekennzeichnet durch einen pH-Wert von 7,4 und einem P_{CO_2} von 5,3 kPa (= 40 mmHg).
> - Gleiche Konzentrationen von HCO_3^--Ionen liegen auf einer Geraden mit der Steigung –1.
> - Die aktuelle Bikarbonatkonzentration ist links der schräg verlaufenden Geraden vermindert und rechts von ihr erhöht.

Die respiratorischen Veränderungen (s. Abb. 28, S. 64, Pfeil 1 und 2) verschieben sich im log P_{CO_2}/CO_2-Diagramm entlang der schräg verlaufenden CO_2-Äquilibrierungslinie und somit nicht direkt entlang der Linie der normalen Bikarbonatkonzentration von 24 mmol/l. Ursache hierfür ist, dass die Puffersysteme des Menschen nicht nur aus dem Bikarbonatpuffer (HCO_3^-), sondern auch aus dem Nicht-Bikarbonatpuffer bestehen. Dadurch verläuft die CO_2-Äquilibrierungslinie abweichend etwas steiler. Die primär nicht-respiratorischen (metabolischen) Veränderungen (s. Abb. 28, S. 64, Pfeile 3 und 4) verschieben sich auf einer horizontalen Linie ausgehend vom Normalzustand. Der P_{CO_2} bleibt unverändert, und nur der pH-Wert ändert sich.

> **Übrigens ...**
> Die klinisch häufigste Ursache einer nicht-respiratorischen (metabolischen) Alkalose ist die Hypokaliämie. Beim seltenen **Conn-Syndrom, dem primären Hyperaldosteronismus**, kommt es durch die Überproduktion des Steroidhormons Aldosteron in der Zona glomerulosa der Nebennierenrinde zu einer renalen Hypernatriämie mit Ausbildung eines Hypertonus. Gleichzeitig werden vermehrt Kaliumionen über die Niere ausgeschieden, es entwickelt sich eine Hypokaliämie. Als Versuch des Ausgleichs werden daraufhin K^+-Ionen im Tausch gegen H^+-Ionen aus der Zelle ausgeschleust – es entsteht eine metabolische Alkalose – die Trias des Conn-Syndroms mit Hypernatriämie, Hypokaliämie und metabolischer Alkalose ist komplett.

2 Säure-Basen-Gleichgewicht und Pufferung

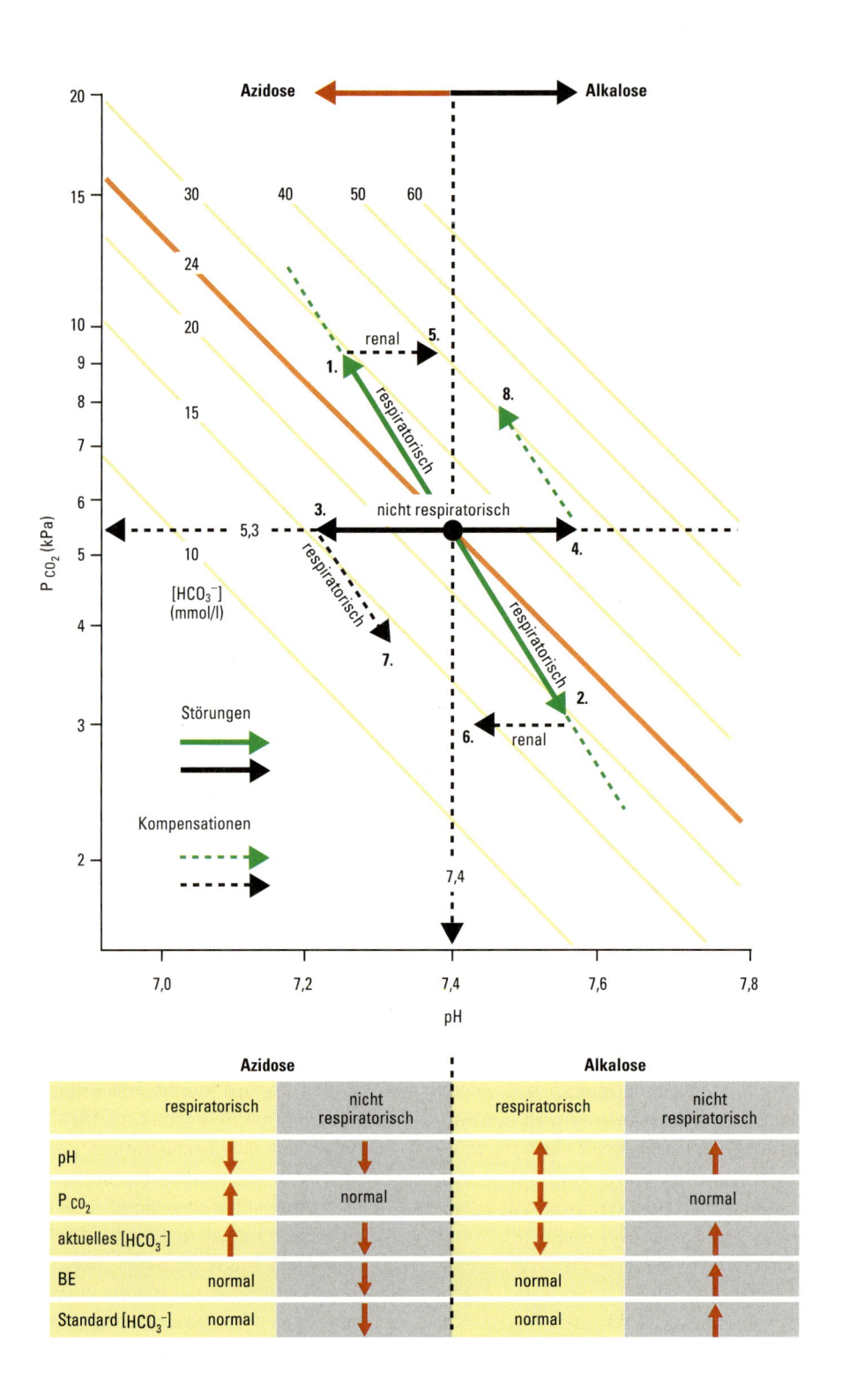

Abb. 28: Störungen und Kompensationen des Säure-Basen-Haushalts

medi-learn.de/6-physio4-28

	Azidose		Alkalose	
	respiratorisch	nicht respiratorisch	respiratorisch	nicht respiratorisch
pH	↓	↓	↑	↑
P_{CO_2}	↑	normal	↓	normal
aktuelles $[HCO_3^-]$	↑	↓	↓	↑
BE	normal	↓	normal	↑
Standard $[HCO_3^-]$	normal	↓	normal	↑

2.5 Regulation und Kompensationen des Säure-Basen-Haushalts

Übrigens ...
Klinische Auswirkungen einer **Azidose** sind die Hemmung der Glykolyse, Förderung der Glykoneogenese mit Ausbildung einer Hyperglykämie. Entwicklung einer Hyperkaliämie durch zelluläre K^+-Abgabe bedingt durch eine zelluläre Abgabe von HCO_3^-, Depolarisation, sowie Hemmung der Na^+/K^+-ATPase. Verlangsamung der kardialen Erregungsfortleitung durch Verschluss der gap junctions. Cerebrale Vasodilatation vor allem bei respiratorischer Azidose.
Klinische Auswirkungen einer **Alkalose** sind die Stimulation der Glykolyse und Hemmung der Glykoneogenese mit drohender Hypoglykämie. Entwicklung einer Hypokaliämie durch Steigerung der zellulären K^+-Aufnahme. Senkung der freien Ca_2^+-Konzentration durch gesteigerte Bildung an Plasmaproteine oder an HCO_3^- mit Begünstigung von Herzrhythmusstörungen. Begünstigung eines Auftretens einer Schlafapnoe bei chronisch metabolischer Alkalose durch Minderung des Atemantriebes. Cerebrale Vasokonstriktion vor allem durch eine respiratorische Alkalose.

2.5 Regulation und Kompensationen des Säure-Basen-Haushalts

Die Störungen des Säure-Basen-Haushalts beim Menschen können von respiratorischen oder nicht-respiratorischen (metabolischen) Ursachen ausgehen. **Ziel der Kompensation** einer Störung des Säure-Basen-Haushalts ist es, den **physiologischen pH-Wert von 7,4** (Normal-pH-Bereich von 7,37 bis 7,45) wiederherzustellen. Dabei unterscheidet man eine **Teilkompensation** von einer vollen Kompensation, wobei nur die **volle Kompensation** den physiologischen pH-Wert von 7,4 erreicht.

2.5.1 Kompensationen respiratorischer Störungen

Eine **respiratorische Azidose** kann **metabolisch kompensiert** werden durch die vermehrte **Ausscheidung** von H^+- und NH_4^+-**Ionen** über die Nieren. Dies wird als **renale Kompensation** bezeichnet. **Der pH-Wert normalisiert sich dabei, der P_{CO_2} verändert sich jedoch nicht** (s. Abb. 28, S. 64, Pfeil 5).
Eine **respiratorische Alkalose** kann ebenfalls **metabolisch kompensiert** werden. Hier erfolgt die **renale Kompensation** durch die vermehrte **Ausscheidung** von HCO_3^--Ionen über die Nieren. Auch dabei **normalisiert sich der pH-Wert und der P_{CO_2} ändert sich nicht** (s. Abb. 28, S. 64, Pfeil 6).

> **Merke!**
> – Kann eine respiratorische Azidose primär nicht durch eine verstärkte Atmung kompensiert werden (bei Störung der Gasleitung oder der Lungenfunktion), erfolgt die verzögerte metabolische Kompensation über die Niere.
> – Kann eine respiratorische Alkalose primär nicht durch eine verlangsamte Atmung kompensiert werden (bei Hypoxiegefahr), erfolgt die verzögerte metabolische Kompensation wiederum über die Niere.

2.5.2 Kompensationen nicht-respiratorischer (metabolischer) Störungen

Eine **nicht-respiratorische (metabolische) Azidose** kann kompensiert werden durch
– **Stimulation der Atmung** (durch den niedrigen pH-Wert = Azidose) und dadurch Elimination der Puffersäure CO_2 über die Lungen. So **normalisiert sich der pH-Wert und der P_{CO_2} wird geringer (P_{CO_2} < 5,3 kPa/40 mmHg)** (s. Abb. 28, S. 64, Pfeil 7).
– die **Niere** (mit einer kurzen Verzögerung) über eine **gesteigerte Ausscheidung** von H^+- und NH_4^+-Ionen. So werden Puffersäuren ausgeschieden und die Pufferbasen können sich regenerieren.

2 Säure-Basen-Gleichgewicht und Pufferung

Eine **nicht-respiratorische (metabolische) Alkalose** kann kompensiert werden durch
- **Hemmung der Atmung** (durch hohen pH-Wert = Alkalose) und folglich Konzentrationserhöhung der Puffersäure CO_2. So wird versucht den pH-Wert zu normalisieren. Der P_{CO_2} und das aktuelle Bikarbonat steigen an (P_{CO_2} > 5,3 kPa/40 mmHg) (s. Abb. 28, S. 64, Pfeil 8). Limitiert wird dieser Kompensationsmechanismus jedoch durch den notwendigen Sauerstoffbedarf des Körpers. Unter physiologischen Bedingungen sind der Einschränkung der Atmung enge Grenzen gesetzt.
- die **Niere** (mit einer kurzen Verzögerung) über eine **gesteigerte Ausscheidung** von HCO_3^--**Ionen**. So werden Pufferbasen ausgeschieden.

Störung	pH	P_{CO_2}	aktuelles HCO_3^-	Standard-HCO_3^-	BE	mögliche Ursachen
respiratorische Azidose	↓ (↔)	↑	↑	↔ (↑)	↔ (↑)	**Ventilationsversagen, Hypoventilation durch** – veränderte Lungen- und Thoraxelastizität – Störung der nervalen Verbindungen – Schäden des Atemzentrums – gestörter Gasaustausch – gestörte Gasleitung
metabolische Azidose	↓ (↔)	↔ (↓)	↓	↓	↓	**Additionsazidose:** – Laktatazidose – Ketoazidose (im Coma diabeticum) **Retentionsazidose:** – Nierenversagen **Subtraktionsazidose:** – Diarrhö
respiratorische Alkalose	↑ (↔)	↓	↓	↔ (↓)	↔ (↓)	**Hyperventilation:** – Angst, Schmerzen – psychogene Auslöser – Mittelhirnschaden
metabolische Alkalose	↑ (↔)	↔ (↑)	↑	↑	↑	**Subtraktionsalkalose:** – Erbrechen von Magensaft – H^+-Ionen-Verlust über die Niere **Verteilungsalkalose:** – Hypokaliämie **Additionsalkalose:** – Retention von Bikarbonat

Tab. 6: Ursachen, Laborparameter und Kompensationsmöglichkeiten von Störungen des Säure-Basen-Haushalts

2.6 Zusammenfassung Säure-Basen-Haushalt

Die Störungen des Säure-Basen-Haushalts sowie deren Ursachen und Kompensationen sind in Tab. 6, S. 66 zusammengefasst. In Klammern steht der Zustand nach vollem Einsetzen der Kompensationsmechanismen.

Übrigens ...
Bei einer Azidose wird die Na$^+$/K$^+$-ATPase der Zellmembran gehemmt und sie kann den Kaliumgradienten nicht mehr aufrechterhalten. Dadurch kommt es zu einer **Hyperkaliämie**. Zusätzlich führt eine Azidose zu einer **Verteilungshyperkaliämie** durch Aufnahme von H$^+$-Ionen in die Zellen und Verlagerung intrazellulären Kaliums in den Extrazellularraum.
Hyperkaliämie kann Zuckungen der Muskulatur, Parästhesien mit Kribbeln in den Extremitäten bis hin zu EKG-Veränderungen auslösen. Sehr hohe K$^+$-Spiegel können zu spitzen hohen T-Wellen, dem Verlust der P-Welle und einer Verbreiterung des gesamten QRS-Komplexes führen, bis hin zu lebensbedrohlichen kardialen Komplikationen wie Arrhythmien, Kammerflimmern und Asystolie.

Beispiel
Aufgrund der Komplexität des Säure-Basen-Haushalts und auch zu deiner Selbstkontrolle, kannst du jetzt noch eine Beispielaufgabe bearbeiten, wie sie im Physikum schon öfters gestellt wurde:
Die eingezeichnete Gerade in Abb. 29, S. 68 gibt die Beziehung zwischen pH-Wert und CO$_2$-Partialdruck des oxygenierten Blutes eines Gesunden wieder.
Der eingezeichnete Punkt gibt die Werte des arteriellen Blutes eines Patienten an und spricht für eine Azidose, die
1. respiratorisch und nicht-respiratorisch bedingt ist.
2. teilweise nicht-respiratorisch kompensiert ist.
3. metabolisch bedingt und teilweise respiratorisch kompensiert ist.
4. rein respiratorisch bedingt ist.
5. rein nicht-respiratorisch bedingt ist.

Antwort:
Um diese Frage beantworten zu können, musst du wissen, dass links der eingezeichneten Geraden die Konzentration des **aktuellen Bikarbonats** vermindert ist und rechts davon erhöht.
Die eingezeichnete Gerade entspricht der **aktuellen Bikarbonatkonzentration** eines Gesunden (s. Frage). Auswendig wissen solltest du außerdem, dass diese Normalwerte 24 mmol/l sind und bei **pH 7,4** dann ein P$_{CO_2}$ von 5,3 kPa/40 mmHg herrscht. Am gefragten Punkt liegt mit einem pH-Wert von 7,2 daher eine **Azidose** vor. Der P$_{CO_2}$ ist hier mit etwa 60 mmHg erhöht (vgl. normal 5,3 kPa/40 mmHg). Es wird über die Lungen also weniger CO$_2$ abgegeben und die Azidose ist somit **respiratorisch** bedingt.
Bei einer rein respiratorisch bedingten Azidose würde das aktuelle Bikarbonat jedoch erhöht sein, da zu wenig CO$_2$ abgeatmet wird:
$$CO_2 + H_2O \rightarrow H^+ + HCO_3^-.$$

In solch einer Situation müsste sich der eingezeichnete Punkt **rechts** der Geraden der normalen aktuellen Bikarbonatkonzentration befinden. Da sich in diesem Beispiel aber der Punkt **links** der Geraden befindet, spricht dies für eine **metabolische Komponente der Azidose**, bei der die Konzentration des Bikarbonats sinkt. Es fallen somit nicht-respiratorisch (metabolisch) vermehrt Säuren an, die die Konzentration der Pufferbase HCO$_3^-$ vermindern.
Gleichzeitig liegt hier aber auch keine rein nicht-respira-

2 Säure-Basen-Gleichgewicht und Pufferung

torische (metabolische) Azidose vor, da sonst der P_{CO_2} normal oder vermindert sein müsste (bei einer respiratorischen Kompensation einer nicht-respiratorischen Azidose).

Die richtige Lösung lautet also 1 = respiratorisch und nicht-respiratorisch bedingte Azidose.

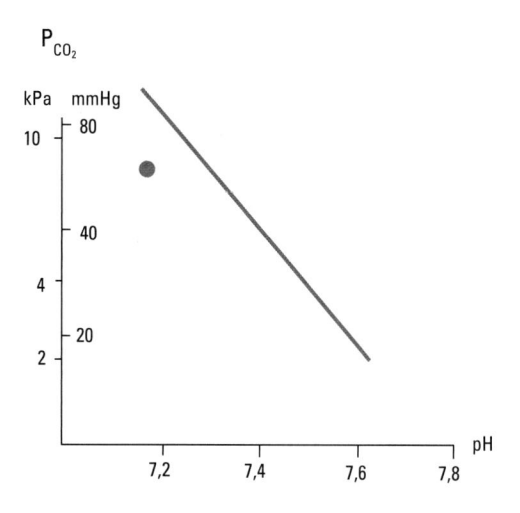

Abb. 29: Beziehung zwischen pH-Wert und CO₂-Partialdruck im oxygenierten Blut

medi-learn.de/6-physio4-29

DAS BRINGT PUNKTE

Die Fragen zum **Säure-Basen-Haushalt** im Physikum sind oft sehr komplex, weshalb hier noch einmal die Fakten zusammenhängend dargestellt sind, mit denen gepunktet werden kann. Unbedingt merken solltest du dir, dass

- Erythrozyten am Transport von CO_2 und an der Pufferung des Blutplasmas beteiligt sind und
- die Erythrozyten den quantitativ wichtigsten Nicht-Bikarbonatpuffer des Blutes enthalten.

Besonders wichtig zum Verständnis des Säure-Basen-Haushalts ist die Kenntniss der **Parameter** und ihre Anwendung auf einen veränderten Säure-Basen-Status. Wissen solltest du darüber auf jeden Fall, dass

- wenn eine Blutprobe mit erhöhtem CO_2-Partialdruck äquilibriert wird, sich weder der BE noch die Gesamt-Pufferbasen verändern.
- eine Änderung des BE nur bei nicht-respiratorischen Störungen auftritt.
- eine nicht-respiratorische Azidose gekennzeichnet ist durch einen stark negativen BE.
- ein positiver BE über 2 mmol/l eine metabolische Alkalose kennzeichnet.
- bei Veränderung des CO_2-Partialdrucks die Gesamt-Pufferbasen-Konzentration und der BE konstant bleiben.
- um eine Blutprobe mit einem BE von +10 mmol/l zu titrieren, das Volumen der Blutprobe bekannt sein muss.
- die Normalwerte des Säure-Basen-Haushalts so lauten:
  - arterieller P_{CO_2} = 5,3 kPa oder 40 mmHg,
  - pH-Wert = 7,4
  - Plasmabikarbonatkonzentration = 24 mmol/l,
  - Standardbikarbonatkonzentration = 24 mmol/l,
  - BE zwischen –2 und +2 mmol/l und
  - Pufferbasenkonzentration = 48 mmol/l.

Zu den **Störungen** und **Kompensationen** solltest du folgende Fakten parat haben:

- Bei einer nicht-kompensierten, nicht-respiratorischen Alkalose kann der BE von 0 auf +5 ansteigen.
- Eine akute respiratorische Azidose entsteht durch eine Hypoventilation.
- Durch eine Hypoventilation kann eine respiratorische Azidose entstehen.
- Bei einer nicht-kompensierten respiratorischen Azidose ist die aktuelle HCO_3^--Ionenkonzentration im Blut erhöht.
- Eine respiratorische Azidose ist durch eine Erhöhung des P_{CO_2} und der HCO_3^- Ionen sowie eine Abnahme des pH gekennzeichnet.
- Bei einer rein respiratorischen Azidose ohne Kompensation ändert sich der BE nur innerhalb seines Referenzbereichs.

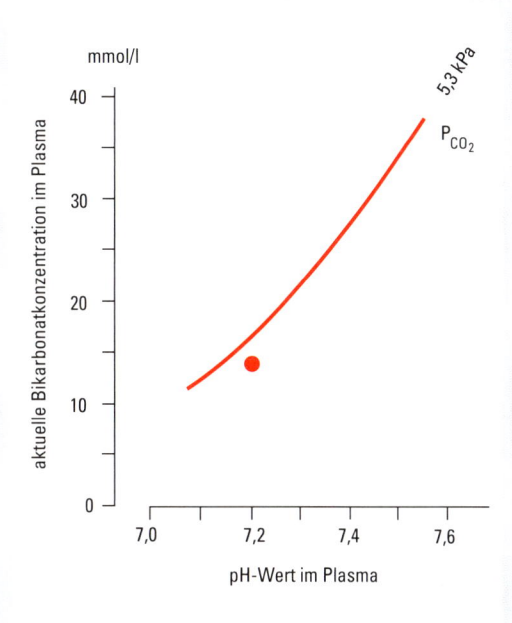

Abb. 30: Bikarbonatkonzentration in Abhängigkeit vom pH-Wert

medi-learn.de/6-physio4-30

DAS BRINGT PUNKTE

Zum Thema **körperliche Arbeit** und Säure-Basen-Haushalt solltest du wissen, dass
- es bei schwerer körperlicher Arbeit zu einer Abnahme des pH-Werts, einer Abnahme der aktuellen HCO_3^--Konzentration und einer leichten Verminderung des P_{CO_2} kommt,
- durch erschöpfende Arbeit mit massiver Tachypnoe die Pufferbasenkonzentration absinkt und
- bei schwerer körperlicher Arbeit der Punkt in Abb. 29, S. 68 zu erwarten ist.

FÜRS MÜNDLICHE

Auf zum Endspurt mit den Fragen zum Thema Säure-Basen-Haushalt! Nochmal kurz konzentrieren, dann hast du dieses Skript geschafft. Hier kommen die Fragen:

1. Beschreiben Sie bitte den Normalzustand des Säure-Basen-Haushalts. Wie lässt er sich charakterisieren?

2. Was verstehen Sie unter der Standardbikarbonatkonzentration?

3. Wann ist die Standardbikarbonatkonzentration verändert?

4. Was verstehen Sie unter einer renalen Kompensation?

5. Welche Störungen des Säure-Basen-Haushalts sind Ihnen bekannt?

6. Suchen Sie sich bitte eine Störung aus und erläutern Sie diese. Welche Symptome erwarten Sie bei diesen Patienten und warum?

7. Wie sehen die Kompensationsmöglichkeiten einer respiratorischen Alkalose aus?

---

1. Beschreiben Sie bitte den Normalzustand des Säure-Basen-Haushalts. Wie lässt er sich charakterisieren?
Der normale pH-Wert beträgt 7,4. In den Arterien sollte ein P_{O_2} von 13,3 kPa und ein P_{CO_2} von 5,3 kPa vorliegen. Die aktuelle Plasmabikarbonatkonzentration und die Standardbikarbonatkonzentration sollten 24 mmol/l betragen und der BE zwischen –2 und +2 mmol/l liegen.

2. Was verstehen Sie unter der Standardbikarbonatkonzentration?
Der Wert für das Standardbikarbonat kann ermittelt werden, indem eine Blutprobe den Standardbedingungen des menschlichen Körpers ausgesetzt wird. Hierzu wird die Blutprobe in eine Kammer mit P_{CO_2} 5,3 und P_{O_2} 13,3 kPa sowie einer Temperatur von 37 °C überführt und dort das HCO_3^- gemessen.

3. Wann ist die Standardbikarbonatkonzentration verändert?
Verändert ist der Wert für das Standardbikarbonat, wenn
- nicht-respiratorische (metabolische) Veränderungen vorliegen oder
- eine renale Kompensation eintritt.

FÜRS MÜNDLICHE

4. Was verstehen Sie unter einer renalen Kompensation?
Die Niere kann als Kompensation einer respiratorischen Störung die Ausscheidung von HCO_3^- erhöhen oder vermindern sowie die Ausscheidung von H^+ und NH_4^+ erhöhen.

5. Welche Störungen des Säure-Basen-Haushalts sind Ihnen bekannt?
Prinzipiell kann eine Azidose von einer Alkalose unterschieden werden. Weiterhin können respiratorische von nicht-respiratorischen Störungen unterschieden werden.

6. Suchen Sie sich bitte eine Störung aus und erläutern Sie diese. Welche Symptome erwarten Sie bei diesen Patienten und warum?
Die respiratorische Alkalose: Sie ist gekennzeichnet durch einen hohen pH-Wert. Der P_{CO_2} ist unter 5,3 kPa vermindert. Das aktuelle Bikarbonat ist unter 24 mmol/l vermindert. Standardbikarbonat und der BE sind dagegen normal.
Diese Störung tritt bei einer verstärkten Atmung auf. Zum Beispiel bei einer Schädigung des Atemzentrums, aber auch psychogen bei Angst oder starker Erregung.
Ursache kann z. B. ein Musikkonzert einer Teenieband sein. Dort findet man respiratorische Alkalosen vor allem bei Zuhörern in den ersten Reihen. Die Betroffenen atmen sehr schnell, ihre Hände nehmen eine typische Pfötchenstellung ein und die Gesichtsmuskulatur verkrampft.
Ursache der Muskelkrämpfe: Bei der sich entwickelnden respiratorischen Alkalose lösen sich H^+-Ionen von den Plasmaproteinen, um den akuten H^+-Mangel auszugleichen. Gleichzeitig werden Ca^{2+}-Ionen an die freien Plasmaproteinbindungsstellen gebunden und so die Konzentration der freien Ca^{2+}-Ionen erniedrigt. Dies löst die Muskelkrämpfe aus.

7. Wie sehen die Kompensationsmöglichkeiten einer respiratorischen Alkalose aus?
Es kommt mit Verzögerung zu einer vermehrten Ausscheidung von HCO_3^--Ionen, wodurch sich der pH-Wert wieder dem physiologischen Bereich annähert. Der P_{CO_2} ändert sich dabei jedoch nicht.

Pause

Geschafft! hier noch ein kleiner Cartoon als Belohnung ...

Index

Symbole
2,3-Bisphosphoglycerat 40, 52
α1-Antitrypsin 7

A
Adrenalin 50
aktuelles Bikarbonat 59
allgemeine Gaskonstante 9
alveolären Partialdrücke 31
Alveolar-Epithelzellen 9
alveoläre Totraumbelüftung 27
alveoläre Ventilation 31
anatomischer Totraum 29
Apnoetauchen 53
Asthma 22
Atelektase 12
Atemgrenzwert 21
Atemmuskel 11
Atemnotsyndrom des Frühgeborenen (IRDS) 12
Atemreize 50
– nicht-rückkoppelnde 50
– rückkoppelnde 50
Atemruhelage 4, 16
ATPS (ambient temperature pressure saturated) 2

B
Basenüberschuss 59
Bergkrankheit 52
Bikarbonat 42
Bikarbonatpuffer 59
Bodyplethysmografie 19
Bohr-Effekt 41, 43
Bohr-Totraumformel 30
Bronchialbaum 9
BTPS (body temperature pressure saturated) 2
Bunsen-Löslichkeitskoeffizient 3

C
Carboanhydrase 44
Chemorezeptor 50
– periphere 50
– zentrale 50
chronische Bronchitis 22
CO_2-Äquilibrierungslinie 63
Compliance 13

D
Diffusionskraft 37
Druck-Volumen-Diagramm (Dehnungskurve) 14
dynamische Atemwegskompression 22

E
Einsekundenkapazität 21
Elastance 14
elastische Widerstände 11
Entspannungsobstruktion 7
Erythropoese 52
Erythropoet 52
Euler-Liljestrand-Mechanismus 13
Exspirationsarbeit 11
Exspirationsmuskel 11

F
Fassthorax 7
Fick-Diffusionsgesetz 38
Fick-Prinzip 28
Forcierte Vitalkapazität 21
Fremdgasverdünnungsmethode 4
funktioneller Totraum 29

G
Ganzkörperplethysmograph 19

H
Halbsättigungsdruck 40
Haldane-Effekt 43
Hamburger-Shift 45
Hämoglobin 38, 58
Henderson-Hasselbalch-Gleichung 58
Henry-Gesetz 3
Hering-Breuer-Reflex 50
Herzzeitvolumen 28
Histidinseitenkette 42
Höhenakklimatisation 51
Höhenatmung 51
Hüfner-Zahl 39
Hyperventilation 31

Index

Hypoventilation 31, 61
hypoxische pulmonale Vasokonstriktion 27

I
ideale Gasgleichung 1
Inspirationsarbeit 11

K
Kohlendioxidabgabe 29
Kohlendioxidbindungskurve 42
– Linksverschiebung 43
– Rechtsverschiebung 42
Kohlendioxidtransport 42
Kohlenstoffmonoxid 42
kooperative Wechselwirkung 40
Krough-Diffusionskoeffizient 38

L
Lecithin 11
Lungendehnungsrezeptor 50
Lungenemphysem 7
Lungenfibrose 22
Lungenfunktionsstörung 22
– obstruktive 22
– restriktive 22
Lungenödem 52
Lungenperfusion 27
Lungenvolumen 3
– Atemzugvolumen 3
– exspiratorische Reservevolumen 4
– funktionelle Residualkapazität 6
– inspiratorische Reservevolumen 3
– Residualvolumen (RV = 1500 ml) 4
– Vitalkapazität 4

M
Medulla oblongata 50
Methämoglobin 42
Molvolumen 2
Myoglobin 39

N
nicht-respiratorische Azidose 28
NO (= Stickstoffmonoxid) 27
N. vagus 50

O
Oberflächenspannung 12
Ödem 22
Ohm-Gesetz 19
Oxygenierung 39

P
Partialdruck 1
Partialdruckunterschiede 37
Phospholipide 11
Pleuraspalt 13
Pneumothorax 17
Pressorezeptoren 50
Proteinpuffer: -NH2 58
Pufferbasen 58, 59
Puffersäure 58
Puffersystem 42

R
Rauchen 7
Rechts-Links-Shunt 13, 28, 32
Rechtsverschiebung der Sauerstoffbindungskurve 52
Resistance 18, 19
respiratorischer Quotient 28
restriktive Ventilationsstörung 24
Retraktionskraft der Lunge 11
Ruhedehnungskurve 18

S
Sättigungsdruck 1
Sauerstoffaufnahme 28, 29
Sauerstoffbindungskurve 39, 41
– Linksverschiebung 41
– Rechtsverschiebung 41
Schmerzreiz 50
Schnorcheln 52
Skoliose 22
Spirometer 4
Standardbikarbonat 59
steady state 28
STPD (standard temperature pressure dry) 2
Surfactantmangel 12
Surfactant (surface active agens) 11

Index

T
Tauchen 52
Teilkompensation 65
Tiefenrausch 54
Tiffeneau-Test 21
transmurale Druckdifferenz 14
transmuraler Druck 13
Tumor 22
Typ II Alveolarzelle 11

V
Ventilationsstörung 24
– restriktive 24
visköse Kräfte 11
volle Kompensation 65

W
Wasserdampf 1

Z
Zyanose 39

Deine Meinung ist gefragt!

Es ist erstaunlich, was das menschliche Gehirn an Informationen erfassen kann. Slbest wnen kilene Fleher in eenim Txet entlheatn snid, so knnsat du die eigneltchie lofnrmotian deoncnh vershteen – so wie in dsieem Text heir.

Wir heabn die Srkitpe mecrfhah sehr sogrtfältg güprfet, aber vilcheliet hat auch uesnr Girehn – so wie deenis grdaee – unbeswust Fheler übresehne. Um in der Zuuknft noch bsseer zu wrdeen, bttein wir dich dhear um deine Mtiilhfe.

Sag uns, was dir aufgefallen ist, ob wir Stolpersteine übersehen haben oder ggf. Formulierungen verbessern sollten. Darüber hinaus freuen wir uns natürlich auch über positive Rückmeldungen aus der Leserschaft.

Deine Mithilfe ist für uns sehr wertvoll und wir möchten dein Engagement belohnen: Unter allen Rückmeldungen verlosen wir einmal im Semester Fachbücher im Wert von 250 Euro. Die Gewinner werden auf der Webseite von MEDI-LEARN unter www.medi-learn.de bekannt gegeben.

Schick deine Rückmeldung einfach per E-Mail an support@medi-learn.de oder trag sie im Internet in ein spezielles Formular für Rückmeldungen ein, das du unter der folgenden Adresse findest:

www.medi-learn.de/rueckmeldungen